U0139755

观念与社会
IDEAS & SOCIETY

〔法〕让·伊波利特　著

张尧均　译

黑格尔
历史哲学导论

Introduction à la Philosophie de l'Histoire de Hegel

Jean Hyppolite

商务印书馆
The Commercial Press

Jean Hyppolite

**INTRODUCTION À LA PHILOSOPHIE DE
L'HISTOIRE DE HEGEL**

Éditions du Seuil, 1983

根据塞伊出版社 1983 年版译出

译者序言

　　伊波利特的《黑格尔历史哲学导论》出版于 1948 年。如果单看书名，读者可能会以为这是对黑格尔著名的《历史哲学》一书的导论，或至少是对该书的研究；但实际上它与《历史哲学》并没有直接的关系，伊波利特在文中甚至没有提到过《历史哲学》。本书也不是对黑格尔庞大的思想体系中"历史哲学"这一方面的专门研究，没有探讨（比如说）像历史的动力、发展线索、目的论等历史哲学所应有的问题。从其内容来看，它倒更像是一个对黑格尔思想（当然是有关历史和政治的思想）的发生史或形成史的研究，也就是说，本书侧重的是黑格尔的早期思想，即《精神现象学》产生之前的思想。只在最后一章，它才较多地涉及了黑格尔的早期思想与后期思想，尤其是与《法哲学原理》中相关思想的关联。如果说黑格尔在《精神现象学》中建立了一种严格意义上的历史哲学，那么伊波利特的这本小书则阐述了黑格尔通达这种历史哲学的道路——一条漫长的"教化之路"。正如伊波利特所指出的，在黑格尔"透过诸个别的民族精神的特殊环节而把历史哲学设想为世界精神的发展之前，应该有一段漫长的哲学发展时期"（26）①，而这本小书正是对这一"漫长的哲学发展时期"的追溯。事实上，如伊波利特所说，《精神现象学》之所

---

　　①　括号中的数字为本书法文原版页码，即中译本边码。

以特别令我们感兴趣，只是因为它"正好处在它所重新思考的早期著作和它所宣告的未来体系之间。我们在其中发现了黑格尔的整个'教化之路'：在通达哲学之前他本人所遵循的道路，以及为了使这种活生生的经验进入一个严格的反思框架所付出的逻辑学家的卓绝努力"（15）。这种转变，借用格洛克纳（Hermann Glockner）的话来说，就是从"泛悲剧主义"向"泛逻辑主义"的转变——伊波利特承认他这本小书正是从这个观点得到了启示，但与格洛克纳将这两者对立起来不同，他揭示了这两者之间的内在关联与一致。然而，问题在于，当"活生生的经验"进入一个"严格的反思框架"时，它还能保持其原有的那种活力吗？由这种活的经验所生成的历史性与附属于宏大思辨逻辑体系之下的历史哲学，具有同样的"历史"含义吗？

一

与"泛悲剧主义"和"泛逻辑主义"的区别相对应的，是伊波利特在"历史性"与"历史"这两个概念之间做出的区别。① 在此，历史指的是一种普遍性意义上的大历史，一种由绝对精神在时间中展开自身而形成的诸个别环节，它体现在黑格尔一再引用的席勒的这句名言中："世界历史就是世界审判。"而历史性（historicité）指的则是特殊的历史现象及这种历史现象对当下所具有的意义。对青年黑格尔来说，他所关注的历史性问题就是民族个性和民族精神的问题。

① 这种区别在文中其实并不明显，但可参看原书第 91 页和第 102 页中的相关表述。

伊波利特指出，历史是黑格尔思想的出发点。与谢林一开始就关注自然哲学和形而上学不同，青年黑格尔感兴趣的是各种具体的经验性问题，特别是民族和宗教的历史。当然，他的着眼点从来就不是单纯的事实，而是事实背后的精神。他想要探索的是一个民族或一个宗教的精神，一种与历史不可分割的精神的生命。相较而言，严格意义上的哲学在黑格尔青年时期的笔记中只占据一个微不足道的位置。他似乎只是为了揭示这种精神的生命，才不得不借助哲学的概念，并在感到这些概念的不足时，迫使自己去锻造一些更适合表达人的历史生命和历史实存的新概念。正是对民族精神的最初洞见把他引向了对历史发展的思考，直至最后形成一种严格意义上的历史哲学。就此而言，黑格尔的思想是从历史上升到哲学的，在拥有一种体系性的历史哲学之前，他先形成了一种历史性的思考。是历史性的经验本身引导着他去寻求一种关于这种经验的哲学表达，因此，这是一种历史哲学之前的历史哲学，或者说，这是一种关于"历史性"的历史哲学。

这种"历史性"思考的核心就是格洛克纳所说的"泛悲剧主义"，一种悲剧的世界观。

黑格尔的悲剧世界观是从一种生命直观和生命意识出发的，悲剧源于特殊生命（或有限生命）与普遍生命（或绝对生命）之间的断裂。这里的特殊生命，不仅仅是指作为个体的人的有限意识，更是指作为精神的民族生命。青年黑格尔将古典的希腊城邦视为理想，因为这种城邦生活体现出一种完美的和谐。在那里，个人与城邦没有间隙，私人生活与公共生活没有分殊，城邦政治与宗教崇拜融为一体。这是一种整全性的生活和生命，个人融入城邦就像水滴融入大海一样，而自由就在和谐之中。但随着希腊城邦的消失，这种古典意义上的和谐与自由也消失了，取而代之的是一种无法消除的"苦恼意识"。尽管作为一个明确的哲学概念的"苦恼意识"要到《精神现象学》才出现，但伊波利特认为（在此他采纳了狄尔泰的观点），这个概念的雏形早在黑格尔伯尔尼时期的文本中就已经出现了。苦恼意识既是黑格尔的悲剧世界观的核心，也是黑格尔的辩证法的基础，在苦恼意识中，其实就已经隐含着黑格尔的"泛悲剧主义"和"泛逻辑主义"之间的内在关联。

不过，在黑格尔的早期文本中，苦恼意识还没有达到那种抽象的形式。当时与他的悲剧世界观联系更密切的是"实定性"和"命运"这两个概念（尤其是命运的概念），它们都是黑格尔在研究犹太教和基督教时提出来的。

实定性差不多可以理解为一种经验的给定性，据此，实定宗教就是一种与理性化的自然宗教相对的历史宗教，它除了某些合乎理性原则的教义外，还包括许多特殊的、偶然的传统遗留物，后者甚至是更强大的，它们代表了"那外在地强加于思想，思想必须被动地接受的东西"（43）。在这个意义上，实定性就是权威，实定宗教就是一种权威宗教。在黑格尔看来，犹太教就是一种典型的实定宗教。它确立了一个处于彼岸的不可企及的上帝，这个上帝对犹太人的要求则以律法的形式体现出来，由此就出现了"人与自然、人与人、人与上帝的多重分离，出现了将形成合法主义的东西，那就是对法律文字的奴性服从精神"（57）。

不过，伊波利特指出，作为历史遗留物的实定因素并不一定是否定性的，它实际上取决于人自身的态度。实定宗教之所以成为一种权威宗教，就是因为信奉这种宗教的人不能把其中的那些历史性的实定因素吸收消化，从其内在的精义去理解它，而只是被动而盲目地遵循其字面意思，在这种情况下，实定性就是"已经死亡的因素——它已经丧失了其活泼泼的意义，只不过是一种历史的残余"（48）。这种实定性是人之自由的障碍。与此相反，也有一种活的实定性，它抛弃了那些说教性的因素，而与"那曾经生机勃勃的并紧紧依赖其历史个体性的东西联系在一起"。耶稣的人格和活动就是这方面的典范，他最终突破了犹太教的律法主义，把它变成了一个新的宗教。不过，耶稣死后，在他的追随者那里，他的形象又逐渐变成了一个新的权威，基督教也就随之转变为一种实定宗教。因此，在伊波利特看来，黑格尔的"实定性有双重的内涵：一是贬义的，一是褒义的。实定性如同记忆那样：鲜活而有机时，它是始终当下化的过去；无机而隔膜时，它是不再有本真在场的过去"（46）。在某种程度上，实定化是不可避免的，它源于"每一个有生命之物的必然转型"，这里就隐含着悲剧性的根源。但关键还是在于如何在当下的处境中重新激发实定因素中隐含的生命内涵，这正是我们前面提到的"历史性"一词的含义。伊波利特认为，这"涉及一种活的自由，一种人与其历史的和解"（49）。由此，我们就能明白为什么实定性是黑格尔的核心概念之一。

与实定性相比，命运是一个更重要的概念，因为它更直接地与生命的观念联系在一起。如果说实定性侧重于生命所遭遇的外部给定性，那么命运呈现的则是生命的内部给定性。当然，命运也与实定性有关，实定性实际上嵌入了特定命运的脉络之中，并构成了后者得以展开的外在背景或"遭际"（pathos）。命运的激情或苦难（passion）首先就与这种"遭际"有关："一个个体的命运和一个民族的命运就是在历史中的这种'遭际'的启示。"（52）在分离中，特殊的生命被抛入了一个与之相异的实定秩序中，他的任何行动都受到这一秩序的限制和反击，由此，命运就显现为生命与实定性秩序的一种对抗和冲突。不过，这多少仍只是外在的，命运的更深刻之处在于，它是在生命的中心显露出来的，是内在于生命自身的一种先天限制。当生命遭遇这一内在的限制想要突破而无果时，这种内在的限制就成了一种异己的甚至敌对的东西，这才是命运中至为深沉的悲剧意味："'命运即人之所是'，它是他本己的生命、他本己的遭际，但它在他看来却是外在于他的。黑格尔深刻地写道：'命运是对他自身的意识，却是作为一个敌人。'"（52）这样，命运的悲剧就体现为生命与它自身之间的对抗。在这个意义上，命运就是对我们前述的苦恼意识的另一种表达，它是对生命之缺憾的意识和对完满性的追求，是在这两者之间凸现出的一种张力。

"命运"这个概念来自希腊传统，但黑格尔主要将它用到了对犹太教和基督教的分析上。他认为，这两种宗教的命运已经在其各自的创建者，即亚伯拉罕和耶稣基督的个体命运中被预示出来。在亚伯拉罕那里，黑格尔看到了他与一切实定性（不管是自然的实定性还是历史的实定性）的断裂：亚伯拉罕的第一个行动就是离开他的家庭和他的故乡，因此打破了与自然之爱的联系；他带着他的羊群漫游在一片没有边际的土地上，他对于这片土地和土地上的人进而对于整个世界来说都是陌异的、敌对的。在亚伯拉罕的命运中有一种生命与反思之间的对立，亚伯拉罕不懂得去爱，引导他的是一种全面的反思，而反思本身就是与生活的分离。正是这种反思的分离刻画了亚伯拉罕的性格特征，也决定了整个犹太民族的命运："永远地和神、人分离地生活，以便通过反思将他们的理想投射在自身之外，并将它与生活分开。"（58—59）①

耶稣基督的例子亦与此类似：他既与他所出自的民族分离了，又与国家分离了，最后，他甚至与整个世界分离了——他完全地拒绝介入这个世界。"'他与整个命运分离'，这恰恰就是他的命运，一个最为悲剧的命运。"（62）这种分离也决定了基督教的命运："教会和国家、对上帝的服侍和生活、虔敬和美德、精神的劳作和世俗的劳作，不再能够和合在一起。"（60）然而，在耶稣身上有一根本的不同：他拒绝他的民族是因为他想拯救它，而当这种拯救不可能时，他就转向了个体；他尽管与国家相分离，却仍然承认国家是另一种权力，一种世俗的权力；他完全拒绝介入这个世界，但不像亚伯拉罕那样去幻想一个遥不可及的彼岸的上帝，而是回到灵魂的内在性中，以便"彻底地区分纯粹的和非纯粹的"（63）。在耶稣的每一种拒绝中，都贯穿着

① 黑格尔也在同样的意义上理解康德的道德律令。他认为，康德的道德接近犹太精神，如果说犹太人设定了一个外在的主人，那么康德则设定了一个内在的主人。归根结底，康德的道德律令不是出于爱，而是依赖于普遍与特殊、法律与人之不可还原的对立，这是一种外在于生命的对立。

一种爱的力量。因此，尽管他遭受了所有命运中最为悲惨的命运，但他仍通过 amor fati（对命运的爱）克服了这种命运，并实现了人与其命运的和解。这正是耶稣的伟大之处。

黑格尔在此是把耶稣当作人的典范和"优美灵魂"来描述的，在耶稣的生命中，悲剧性达到了极点，但也显示了一种转折。耶稣明确地意识到他的权利，对此他有两种选择。或坚持为他的权利而斗争，但这就意味着他要介入现实，并与其他人所坚持的其他权利展开斗争。这正是"人之实存的悲剧，是诸民族历史的悲剧"。或放弃为自己的权利而战斗，自甘退让并被动地承受世界的暴力。这样一来，"在这个被动性本身和权利的伸张之间也有一种矛盾"（63）。因此，无论怎么选择，悲剧或矛盾都是不可避免的。这里有一种泛悲剧主义的意味："每一种选择都是一种排除，每一个特殊的肯定都是一种命运，因为它在自身中包含了一种否定；甚至对任何特殊性或任何命运的拒绝都依然是一种命运，因为它导致了最彻底的分裂，导致了在世界实在与自由之间的分裂。"（62）耶稣在此选择了后一条路径，一种被动的承受，但这是一种与勇气相结合的被动性；更主要的是，他借助爱而实现了"一种超越权利的丧失和战斗之上的生动的、自由的提升"（63）。爱通过接受命运而扬弃了命运，在这种扬弃中就呈现了"一种特定的逻辑形式"，一种导向"可能和解的辩证法"；伊波利特也正是由此看到了黑格尔从"泛悲剧主义"向"泛逻辑主义"的转变迹象。

二

这种转变的关键在于对命运的认同。在分析黑格尔的命运观念时，伊波利特区分了特殊的命运和一般的命运，悲剧恰恰源于对特殊命运的固执。特殊的意识固执于其自身的有限性和差异性，却不知道在某种程度上正是这种固执造就了其特殊的悲剧命运。而一种更彻底的悲剧意识则敢于否定自己，并通过这种自我否定而超越自我，实现与命运的和解。也可以说，他从一种特殊命运上升到了一般命运或普遍命运，如同耶稣的命运所昭示的那样。事实上，当特殊意识固执于其有限的命运时，他同时也就把普遍的绝对者视作一种不可企及的超越物而与自己对立起来，如同在犹太教中那样；反之，当他从特殊命运上升到一般命运时，绝对者本身也就从超越变成了内在。从一般命运的角度来看，甚至连绝对者也处于一种否定化的辩证运动之中，正如伊波利特所说："神圣者的命运事实上并不能逃离任何实定的现实，而是在有限者中显示自身以便在它之中发现自己。因此它仅仅作为悲剧英雄或民族精神才存在于世界历史之中。"（103）因此，"否定性处于绝对者的中心"，绝对者不能超越普遍历史的悲剧。当黑格尔在《精神现象学》中说上帝的生活也不能"缺乏严肃、痛苦、忍耐和否定的工作"时，他所表达的正是这个意思。

这样，"一般命运"的概念就把泛悲剧主义和泛逻辑主义贯穿起来了。泛悲剧主义是一种尚未进入意识，并因此而呈现为神秘的异己力量的一般命运；而泛逻辑主义则是一种被意识到，进而被理解和被认同的一般命运。从无意识到有意识、从特殊命运到一般命运的上升正体现了一种辩证的历史运动，这也意味着命运已被把握为一种合乎逻辑的历史的力量。正是在这个意义上，伊波利特说，泛悲剧主义是所谓的辩证法的原初形式；辩证法只是以逻辑的术语传达了泛悲剧主义的世界景观。(103，104)而就这种辩证法将泛悲剧主义所隐含的超越维度拉回到内在而言，它同时也意味着世界景观的一种全新改变。笼罩在世界之上的那种神秘的命运力量消失了，取而代之的是现实的国家力量。正如黑格尔后来借拿破仑的语言所说的，在现代，政治已经取代宗教成了现代人的普遍命运①，而国家甚至就是在地上行进的神本身②。

　　就黑格尔自身的思想发展而言，这也意味着一种决定性的转折，即从早先对特殊的历史现象(尤其是民族和宗教现象)的研究转向对哲学体系的追求。在 1800 年，黑格尔就已经明确地表达了他对体系的需求，而他所尝试建构的最早体系似乎就是从耶稣的命运中得到了启发。在如今遗留下来的 1800 年的《体系残篇》中尽管没有明确地探讨爱的问题，但就其总的倾向来看，它似乎是更接近于这种爱的综合的。这个体系并没有完成，这或许是出于事情的必然。在研究耶稣和基督教的命运时，黑格尔就已经看到，爱的悲剧性命运就在于它不能无限地扩展自己而不丧失其应有的深度和力量。而从我们在此所思考的历史哲学的角度来看，这种爱的辩证法的局限更在于，它不能说明历史现象，不能说明我们前面提到的耶稣的两种选择中的第一种，即现实政治的冲突和抗争。但从 1800 年以后，黑格尔事实上已越来越倾向于第一种选择，他的耶拿体系就是从人的这种

---

① 　参黑格尔：《历史哲学》，王造时译，上海书店出版社，1999 年，第 287 页。
② 　参黑格尔：《法哲学原理》，范扬、张企泰译，商务印书馆，1961 年，第 259 页。

历史实存的悲剧出发建构起来的。这也是伊波利特的书的最后两章所要阐述的内容。

当然，伊波利特关注的只是黑格尔的精神哲学，尤其是政治哲学层面，但即使在这方面，从 1802—1803 年的《论自然法》《伦理体系》到 1805—1806 年的《实在哲学》，黑格尔的思想也是有很大变化的，而这种变化典型地体现在他在历史哲学上的进展。

在 1802—1803 年的《论自然法》中，黑格尔主要依据自然法的理念建构了一种以民族为主体的有机共同体观念。这个民族共同体是自然法理念在历史中的具体显现，因此自然法并不外在于历史，它不是一种与历史的具体民族相对立的抽象先天性，而是本身就进入了偶然的现实场中。"一种不可穷尽的创造性活动处于存在的本源中，它无休止地产生又吞噬绝对生命的各种不同具身显现，每一次的现实化都产生了一个民族。法只是表达了实存于这些伦理整体中的活生生的现实化而已。"（68）在伊波利特看来，黑格尔实际上是把谢林有关艺术作品的观念应用到了国家哲学的层面上。一个活的有机共同体，就像艺术作品一样，呈现了绝对的理念。就此而言，每个民族都是独一无二的，有其固有的天赋和独特的生活方式，并因此而使自己区别于其他民族。在黑格尔的这一观点中隐含着一种文明多样性的观念，但似乎缺乏一种连续进步的观念。正如伊波利特所说："在黑格尔的历史哲学的雏形中，他所思考的与其说是一种连续的进步，不如说是不同的发展，是各种实现的接替。这些不同的实现就其类别而言就像古代的悲剧和莎士比亚的戏剧一样是不可比较的。"(70)尽管黑格尔强调了诸民族的历史实存性,但这种历史实存还不是完全意义上的历史,黑格尔的历史哲学在此"还只是初现雏形"(91)。

不过,诸民族共同体之间真的不可比较吗? 恐怕也不尽然。因为,即使每个民族都映现了绝对,即使每个国家都有其关于国家的理念,并程度不等地反映了精神的纯粹性,但仍有映现程度的差别,有理念高下的差别,有精神之纯粹与否的差别(黑格尔自己也曾提到过某些"幸运的、快活的民族"与另一些"不快活的民族"的区别),而这些差别就足以显示其与绝对理念之间的远近差距。在这个意义上,我们仍可以谈论一种向着理念本身的进展,一种理念之现实化的历史演化。而事实上,这样一种历史演化的观念也将在黑格尔的思想中占据越来越重要的位置,直至一种严格意义上的历史哲学形成。

在耶拿体系中,至少已有两个因素显示了他向着这种历史哲学发展:一是对战争的强调,一是对个人主观性的重视。

在《论自然法》中,黑格尔就指出了战争的必然性。这种必然性与其说是源于诸民族在同一个世界上的共存,不如说是"被铭刻在个体性这个概念本身中的"(94),是基于"民族的个体性,由于其排外的、否定的特性"(92)。不过更重要的是,黑格尔并不把战争看作一件坏事,而是赋予了它积极的意义。他认为战争是诸民族伦理健康的条件。没有战争和战争的威胁,一个民族就会在习惯中麻木昏睡,陷入对物质性生活的依附之中,从而面临着逐渐失去其自由的危险。战争本身就是对那明确构成一个民族的各种特殊实定性的否定,并通过这种否定而使它投入普遍性之中。"在战争中，这些否定反过来被否定了，最高的自由——不成为生命的奴隶——开始显现了。"（94）黑格尔对战争的强调使他不同于 18 世纪那些筹划永久和平和普世性的人类法律组织计划的启蒙哲学家；战争也在某种程度上构成了他的历史哲学的前提，因为正是战争推动了诸民族盛衰更替的发展，而历史则成为诸民族的生活现象得以显现的舞台。

然而战争也有"不祥的后果"，它有可能导致不同的民族被并入一个帝国之中，使它们丧失原初的个体性和特殊的统一性。在早先研究古希腊民族时，黑格尔就曾哀叹罗马帝国的征服使希腊人的自由消亡殆尽，而在后来的《精神现象学》中，他也重溯了那导致古代城邦在一个"无精神的帝国"中消失的演化历史。这个问题似乎处于黑格尔思想的核心，一个现实的原因是，当黑格尔在耶拿教学和写作期间，拿破仑正在大革命后的欧洲建立一个类似的帝国。那么，这是否意味着一种历史的终结呢？这是科耶夫的黑格尔解释的核心观点，却也是伊波利特有意想要否定的一个观点。问题的关键在于黑格尔如何看待拿破仑。在科耶夫看来，拿破仑是《精神现象学》一书的隐秘核心，是最终实现了绝对精神因而也标志着历史终结的人。而伊波利特却认为，黑格尔尽管欣赏拿破仑的天才及其国家的意义，但从来都没有强调过他的帝国政治；这只是一种土地的合并，这种业绩在黑格尔看来没有真正的意义。（97）在伊波利特看来，精神是通过各种具体的形式显现于历史之中的，精神生活的意义正在于其民族表现的多样性，而帝国恰恰取消了这种多样性，这是不可能令精神本身满意的。这样，即使出现了普遍性的帝国

（就如罗马帝国），它也不会终止于此，它必将推动历史进入下一阶段，在这个意义上，不可能有历史的终结。

然而，黑格尔对于战争的强调也给他的国家哲学带来了一种内在的紧张。因为，如果说战争出于民族个体性的内在必然，那么，为了应对这种战争的生活，就必须在国家内部维持一个特殊的军事阶层。这正是黑格尔在《论自然法》和同时期的《伦理体系》中的做法。他在那里区分了一种自由人的阶级和一种非自由人的阶级（包括资产阶级和农民阶级）。前者是那些在战斗中能够英勇作战的人——他们活在他们的民族中，并为他们的民族而活，构成了国家的统治阶层；后者则不能达到这样一种整体的思考——他们只关注个人特殊的利益和享受，国家对他们来说就只是他们必须服从的某种外在之物。这样，在国家的统治阶层和被统治阶层之间就有一种分裂，而这种分裂是与黑格尔一开始所设想的统一的有机共同体的理想不符的。这也反过来表明这种有机共同体的观念在某些方面已不合时宜，因为它是依照柏拉图式的古典共和国来构想的，已不能对现代国家及与之相应的现代心态的独特性做出充分的说明。

更重要的是，黑格尔越来越意识到现代国家与古代国家之间的差异。现代世界的特征之一就是各种形式的个人主义的发展，个人获得了内在意识的自由和私人生活的自由，这种自由同时要求得到法律上的肯定和保障。这样，对自由阶级和非自由阶级的区分就不再适合，进而一个特殊的军事阶层的存在也显得可疑，或至少它的地位不再至高无上。但如果这样，战争的正当性是否也变得可疑了呢？一方面，尽管黑格尔一直到他最后的 1821 年的《法哲学原理》都在强调战争的不可避免性，甚至必要性，但他同时也指出："在战争中，战争本身被规定为一种应该消逝的东西，所以战争包含着下列国际法规定，即和平的可能性应在战争中予以保存……"①因此，战争受到了约束，和平凌驾于战争之上。另一方面，他也已不再把战争看作特殊的军人等级的使命，而认为这是"全体公民""一切人"的普遍义务。② 因此，黑格尔之所以强调战争的必要，主要是因为它可被用作培养公民精神的手段，但如果现代国家的发展本身就能达到这种目的，那么战争还是必要的吗？

在 1805—1806 年关于实在哲学的课程中，黑格尔就探索了国家本身的发展。

黑格尔意识到，一种内在的分裂构成了现代国家的基本特征，它既体现在君主与臣民之区分的政体形式中，也体现在市民社会与国家的二元结构中，最终则体现在卢梭所说的"市民"（bourgeois）与"公民"（citoyen）之身份的分裂中。"在现代世界，私人、所有者、市民这些身份太重要了，以致他不可能同时成为一个公民。"（112）为了弥合这种分裂，黑格尔必须以一种新的方式去重新设想国家的理念，既要坚持国家的整体性，又要肯定私人的自由；而这两者之间的关系将使国家处于一种动态的发展之中。由此运动就从国家之外（战争）转入了国家之内（对抗和冲突）。国家与国家之间的互动在某种程度上让位给了国家与个人、个人与个人之间的互动。历史的重心因此就从国家过渡

---

① 黑格尔：《法哲学原理》，第 350 页。
② 参黑格尔：《法哲学原理》，第 342—343 页。

到个人，尽管这个个人已越来越深地被编织进国家的理性脉络之中。

在1805—1806年的一条笔记中，黑格尔指出："单个意志的偏离、无序应该得到容忍，国家是狡计。"（111）一种新的国家理念在此显形了。在伊波利特看来，这种作为"狡计"的国家主要是通过两种形式的教化活动来实现国家与个人之间的统一的。

第一种教化的形式体现在现代君主政体的发展中。君主政体取代古代的民主政体显现为"进展中的理性建制"。君主政体体现了国家和个人之间的一种对立，君主就是活的法律，是以个人意志的形式实现的国家，凌驾于诸私人利益之上。在此，黑格尔批评了卢梭的社会契约论，他认为国家公意的形成不可能是通过个人对其天然自由和特殊意志的自觉转让而形成的，而只有通过君主的强力手段和法律的教化才能逐渐形成。马基雅维利曾呼吁的那些"新君主"、国家的创建者在此就有了一种特殊的意义。正是他们通过残酷的"暴政"实现了对那些行动乖张、拒绝加入整体的特殊意志的扬弃。但黑格尔也指出，暴政有它的限度，它是一种对服从的教化，而并不能无限制地被任意使用。当公意得到实现时，暴政就成为多余，专制君主的命运就趋向于消失，以便法律的统治得以实施。这是一种自上而下的教化方式。

与此同时，还有另一种自下而上的教化方式，它体现在现代的市民社会中。如同亚当·斯密所说，在这个社会中，每个人都在自觉地为追求自己的利益而行动和工作，但他同时也无意识地为其他人创造了就业的机会。劳动的分工导致了产品的交换，市场的各种法律又不断地在断裂点上重建起一种和谐。这种以个人利益为出发点的追求，却暗含着普遍性的目的。就此而言，市民社会本身就已经是一种教化的形式，人们在其中为成为公民，为达到普遍性而预作演练。不过，单靠市民社会自身是不可能成功地通达普遍性的。因为这个社会在本质上是个欲望和财富的世界，它无法避免其固有的对立，即贫困和富裕的对立。当财富随着集中而增加时，贫困也在相应地加剧。"这种富裕和贫困之间的不平等变成了社会意志的最大断裂，变成了内在的反抗和仇恨。"（120）黑格尔由此就超越亚当·斯密而预示了马克思的观点。但与马克思不同，他不是追随这种对抗直至国家完全瓦解，而是强调，正是这种对抗反过来使得国家作为凌驾于其上的超越性实体成为必须，因为只有在国家中并通过国家，市民社会的矛盾才有可能得到解决。现代国家正是通过把市民社会包含在自身中才确立了它自身的至高地位，它"相当顽强地在它自身之内为理念的分裂让出位置"，从而承认了个体的主观自由。最终，"现代国家的原则具有这样一种能力和这样一种极端的深度，即它使主观性的原则得到贯彻，甚至达到了自主的个人特殊性的极致。与此同时，它又使这一原则返回到实体的统一并因此而在这一原则本身中维持这种统一性"（123）。

　　当然，对这一现代国家形态的完整设想要到1821年的《法哲学原理》才告完成。但在1805—1806年的课程中，它已经有了雏形，而《法哲学原理》和《哲学全书》只是把这些"初具雏形的东西予以条理化，为之提供一个确定的形式"（108）而已。

正是在这种关于国家形态之发展的描述中，我们看到了最熟悉也最经典的历史哲学的表达。这种历史哲学把历史看作自由的实现，因此，在某种程度上，我们又回到了我们在黑格尔的早期著作中已经看到过的自由理想。当然，这是一种新的自由，它既不是单纯的国家自由，也不是单纯的个人自由，而是同时包含了这两者，是这两者的和解与和谐，是承认了个人权利的国家理性和提升到普遍意志的个人意志，用伊波利特的话来说，这是"自由主义和全权主义的合题"；但就像他自己所问的："这是可能的吗？"（123）伊波利特没有直接做出回答，但在其文章的最后，他仍然说："在他（黑格尔）的思想中持存着一种暧昧性，这是因为，主观精神和客观精神的和解，这一体系的最高综合，也许是不可能完全实现的。"（124）换言之，他认为，黑格尔的思想中始终没有消除那种悲剧主义的因素，历史不会终结……

三

总的说来，伊波利特的这本小书并不复杂，而是颇为简明，不过这并不意味着其中就没有某种"暧昧性"。就像我们开头所说，这本书更像是对黑格尔的历史政治思想之形成史的梳理，他却用了"历史哲学导论"这样一个并不完全适当的书名。他借用格洛克纳的说法，把黑格尔的思想描述为从"泛悲剧主义"向"泛逻辑主义"的转变（我们前面已大致勾勒了这种转向的内在理路），但从这种描述中，我们似乎能感觉到在思想与历史之间的某种奇特呼应。也就是说，从泛悲剧主义向泛逻辑主义的转变

不仅仅是黑格尔个人思想的一种发展逻辑，同时也是世界历史
的发生逻辑：先是一种自由融洽的理想状态（希腊城邦），随后
是一种失去乐园的撕裂和被抛状态，人有了苦恼意识，感到自
己受制于某种神秘的命运，直到某一天突然意识到，这种命运
并不是特别地专属于他的，而是普遍的命运，甚至连绝对者也
不能抽身于外。由此，命运就失去了其抽象的、超越的特征，
而成了围绕着我们的一种具体的存在和力量，它显现为国家、
他人，甚至就是我们自身。人与命运的关系就是人与国家、自
我与他人，甚至自己与自己的关系。于是，最终的自由就是要
达成人与国家、自我与他人乃至自己与自己的和解与和谐。由
此，历史的发生逻辑可以归结为以下三句话：历史是自由的实
现；自由是"人与其命运的一种和解；而命运就是作为其表达的
历史"（123）。

在历史、自由和命运之间似乎绕成了一个奇特的圆圈；而
圆圈，在黑格尔看来，正是思想之体系的特征。因此，是思想
自身的运动建立了这种内在的联系（泛逻辑主义）；然而，思想
其实又不仅仅是它自身，而是（借用《法哲学原理》中的表述）
"把握在思想（或概念）中的它的时代（或时间、经验）"，亦
即被纳入"严格的反思框架"之中的"活的经验"（悲剧因素）。
这样，我们又回到了开头所提出的问题：在这种转化中，经
验还保有其原有的活力吗？

不过，我们可以反过来问：有不需要某种框架而能独立呈
现的经验吗？似乎没有，任何经验都有某种超经验的东西。这
不仅仅是在康德所说的任何经验都需要一种先天形式和范畴才

成其为经验这个意义上说的，而且是就像我们前面在讲到黑格尔的"历史性"经验时所说的，那些无法为个人掌控或把握的悲剧性经验就呈现出命运的结构。正如黑格尔在《精神现象学》的"序言"中所说："现象就是生成与毁灭，但是生成与毁灭本身却并不生成毁灭。"[①]这种"并不生成毁灭"的"生成与毁灭本身"，当我们不理解它时就是命运，而当我们试图去理解它，把它引向表达、引向概念时，它就成了通向意义和真理的一种逻辑运动。关键在于把沉默的经验引向关于它的意义的纯粹表达。但表达不仅仅是呈现经验的意义内涵，也是揭示其背后隐藏的意义结构。只要经验的意义没有穷尽（事实上也不可能穷尽），那么，从经验向语言的这种生成和转化原则上也是不会穷尽的。或许，这才是伊波利特所说的"暧昧性"的意思。

---

① 黑格尔：《精神现象学》，邓晓芒译，人民出版社，2017年，第29页。

献给 M.M.H.

目　录

引言　黑格尔的观念论

　　卢西安·赫尔在《大百科全书》中写道："黑格尔的发展是独立自主和完全个人的。人们在习惯上把它看作谢林思想的继续和完成，而谢林又继承和发扬了费希特的学说，费希特本人又是康德思想的继承者。也许这些学说所体现出的连续相继的特征这一观念只具有一种图式化的价值，它肯定不属于真正的历史真理。"①康德、费希特、谢林和黑格尔之间的谱系对精神来说确实是非常引人入胜的。这一谱系也无可置疑地符合黑格尔本人在他的哲学史中所提供的阐释（正如我们所知的，这种哲学史本身就是一种哲学）。当我们得知，黑格尔从 1801 年到达耶拿直至 1807 年《精神现象学》出版，一直自称是其朋友谢林（在图宾根时，他和荷尔德林都是黑格尔的同学②）的信徒时，这种谱系看来就更为历史学家所接受。在耶拿的这些年，黑格尔除了他的论文《论行星的轨道》（*De orbitis planetarum*）和他的第一部著作《费希特与谢林哲学体系的差别》外，只在谢林的哲学评论上 *10*

---

　　①　Lucien Herr, *Grande Encyclopédie*, art. Hegel.
　　②　关于黑格尔在图宾根的学习岁月及他与谢林和荷尔德林的关系，参 G. Aspelin, *Hegels Tübinger Fragment*, Lund, 1933。有关青年黑格尔的著作，参我们的文章"Les travaux de jeunesse de Hegel d'après des ouvrages recent", *Revue de métaphysique et de morale*, juillet et octobre 1935。（此文译文见本书附录一。——译者）

发表了几篇文章。① 这些文章，尤其是标题为《信仰与知识》的
文章，具有一种非常个性化的特征；而对于我们这些了解后来
《精神现象学》时期的黑格尔和早先青年作品中的黑格尔的人来
说，则可以在这些文章中发现黑格尔思想的原创性，而这对他
的同时代人来说则可能并非如此。在出版《精神现象学》之前，
黑格尔几乎只是作为谢林的信徒——一个相当模糊的信徒——
出现，他只是努力把谢林的思想放入他那个时代的哲学整体中
去，并且比它的所有者更好地指出了这种哲学的独特性。也许，
甚至谢林自己也应该感谢他的信徒和朋友黑格尔，因为后者更
好地意识到了谢林的绝对哲学与康德、费希特的反思哲学之间
的差异。在这段处于谢林阴影之下的时期之后，最终出现了黑
格尔的伟大哲学作品——《精神现象学》。正如我们所知，这部
作品是在耶拿战争期间完成的，对黑格尔来说，这是他自身本
己的原创性的真正觉醒，也是与谢林的相当突然的断裂。尤其
是在这部作品的序言中，黑格尔明晰而简练地阐述了他自己的
观点。他既直接反对雅各比们、施莱尔马赫们和诺瓦利斯们的
浪漫主义，又反对康德和费希特的哲学。他同样坚决反对谢林
的绝对哲学，后者与其说是一种精神哲学，不如说是一种自然
哲学，在这种哲学中，诸民族的历史——伟大的人类戏剧——
11 并没有其真正的位置。当然，谢林的名字在这个序言中没有被

---

① 这些各种各样的文章已经收入 l'édition Lasson des oeuvres de Hegel, *Erste Druck-schriften*, Leipzig, 1928。《信仰与知识》的法译本为"Fol et Savoir"（Glauben und Wissen），*Premières publications de Hegel*, traduction M. Mery, Vrin, 1952。

提到，但他完全可以在其中认出自己。① 从这一刻开始，黑格尔的原创性就不再有任何争议。在回顾性地考察这一构成了德国观念论的令人推崇的哲学运动时，黑格尔得以把自己视作超越了这个哲学观念论的所有成就的哲学家，他把所有成就引到了其逻辑终端，并且可以说是阐明了其辩证的结果。费希特代表了主观观念论，自我与非我的永恒对立，这个无法解决的对立只应该在一种道德行动的哲学中得到解决；② 谢林代表了客观观念论，自我和非我在绝对者中的同一，一种审美沉思的哲学；黑格尔则代表了绝对观念论，在绝对者的中心，他保留了费希特特有的反思辩证法，这是一种具体综合的哲学。③ 我们因此可以说黑格尔本人提出的观点已经是某种关于哲学史的哲学。他是第一个创造观念论的三种形式（即主观观念论、客观观念论和绝对观念论）这一表象的哲学家，尽管太过于图式化，但这个表象已经如此频繁地被用来界定黑格尔主义了。

* * *

　　对黑格尔青年时期的著作（它们长期以来一直没有被刊印，直到1907年才首次由诺尔出版）的发现，已经深刻地修正了这

---

　　① *La Phénoménologie de l'esprit*, première traduction française par J. Hyppolite, Aubier, éditions Montaigne, tome I, 1939; tome II, 1941.

　　② 对费希特的行动的道德哲学（在这种哲学中，自我和普遍始终是互相冲突的）的一种阐述，参 *La Destination de l'Homme*, Aubier, 1942, 格鲁尔特（M. Gueroult）作序。

　　③ 在我们看来，对这种从康德到黑格尔的德国观念论的整体的最好阐述可能就是 Kroner, *Von Kant bis Hegel*, Tübingen, 1921。

12   个表象。① 这些著作事实上已引起了那些只知道写了《大逻辑》
或《哲学全书》的黑格尔的人的长久惊讶，而那些敏感于黑格尔
有关历史哲学、法哲学、美学和宗教等讲座的具体丰富性的人，
也许会少一些惊讶。对黑格尔青年时期作品的研究应该揭示出
黑格尔思想中被过于忽视的两个方面。一方面，人们会发现，
直到 35 岁才出版其重要著作的黑格尔在登上哲学舞台之前，就
已经有过一段漫长的开创期，经历过一条广泛的教化之路；而
在他生前出版的作品中，他给出的只是已经拆除了所有脚手架
的光秃秃的建筑。另一方面，人们可能感到惊奇的是，专门意
义上的哲学在黑格尔青年时期的笔记中竟只占据一个如此微不
足道的位置。在图宾根研究班时期以及在伯尔尼和法兰克福当
家庭教师期间，黑格尔关注更多的是宗教和历史问题，而不是
严格的哲学问题。② 他与谢林的通信本身证明了这一点。后者一
离开图宾根，就放弃了神学研究。形而上学成了谢林的唯一关
注，他试图通过把费希特的观念论与斯宾诺莎结合起来以深化
这种观念论。他出版了《作为哲学原则的自我》，接着又出版了
《关于教条主义和批判主义的信函》。而黑格尔却仍然热衷于具
体之物。对他而言，具体之物就是诸民族的生活、犹太教和基
督教的精神；他利用哲学家尤其是康德和古典哲学家，只是为

① 狄尔泰（Dilthey）最早利用并阐释了这些早期的作品，它们随后由诺尔出版
（Herman Nohl, *Hegels theologische Jugendschriften*, Tübingen, 1907）。在法国，让·华尔的
专著《论黑格尔哲学中的苦恼意识》（Jean Wahl, *Le malheur de la conscience dans la philoso-
phie de Hegel*, Rieder, 1929）是一种特别富有趣味的阐释，它重新激发了法国人对黑格尔
哲学的兴趣。
② 为了使这些观点更加明晰，我们在此列出黑格尔早期生涯的年表：图宾根，
1788—1793；伯尔尼，1793—1796；法兰克福，1797—1800；耶拿，1801—1807。

了更直接地实现他的目标，即像它在历史中向他呈现自身的那　　*13*
种人类生活；此外，黑格尔的关注在于实践层次。在法国大革
命（它一度使黑格尔欣喜若狂，就像几乎所有他的同时代人那
样）的影响下，他梦想着各种旨在更新腐朽制度的具体改革。①
所有这些都表明，黑格尔（就像他给谢林的信中所写的那样）是
从"人类思想最谦卑的要求"出发的。只是到耶拿之后，他才开
始意识到，哲学作为一种手段——也许比宗教更适合我们的时
代——可用来表达处于其历史中的人类生活的意义。

　　正如帕斯卡尔所说，真正的哲学嘲笑哲学，而黑格尔的早
期作品具有向我们揭示黑格尔的思辨的原始出发点的价值。在
我们的时代，在胡塞尔的影响下，德国的现象学学派想用各种
直接的研究来取代间接的研究，比如说，取代一种仅仅作为科
学之科学的科学哲学。新的律令是"回到事物本身"（Zu den Sa-
chen selbst），而这恰恰刻画了黑格尔青年时期的作品的特征，
尽管人们可能不无错误地把这些作品称作"神学著作"。较之历
史，黑格尔更少关注专业性的哲学，然而"历史"这个词在这里
并不适合用来描画这种思辨的类型！我们的思想家感兴趣的是
要发现一个宗教或一个民族的精神，是想锻造出适合表达人的
历史生命及其在一个民族或一种历史中的实存的新概念。在这
一点上，黑格尔是无与伦比的，而这些青年时期的作品则向我　　*14*
们展示了他为思考人的生命所做的直接并依然素朴的努力。

------

　　①　关于黑格尔与法国大革命，参我们发表在《哲学评论》1939年10—12月专刊上
的文章。

他写道："思考生命（vie）①，这是使命所在。"②但"生命"这个词不应该只被理解为生物学的生命，而是与历史不可分割的精神的生命。还应补充的是，黑格尔同时也在探寻"历史"这个术语对于人的精神所具有的意义。

因此，在把黑格尔理解为费希特和谢林的继承者以及辩证地界定他的哲学立场之前，令人感兴趣的可能是去探究何者构成了黑格尔思想的起点，并通过追溯其早期作品，去发现黑格尔观念论的根本特征。我们可以说，从狄尔泰以来，对黑格尔早期作品的研究已经推进得相当深入了，它已经更新了对黑格尔主义的解释，以至于可能让人有点儿过于忽视已经完成的体系了。有时候，甚至在那些坚持其体系（《哲学全书》的体系）的黑格尔的解释者与那些依然忠实于黑格尔思想的早期步伐的解释者之间似乎形成了一种对立。尽管克罗纳（Kroner）或哈特曼（Hartmann）在他们关于德国观念论的著作中忽略了黑格尔青年时期的作品，并力图通过把我们的哲学家放在其时代的伟大哲学潮流中来理解他，但德国的黑林和法国的华尔尤为感兴趣的却是这一体系的现象学起源，是那些如此生动还依然没有一点教条气的（比如说）关于民族精神（Volksgeist）或关于基督教的

---

① vie 这个词同时有"生命"和"生活"的含义，我们在翻译中依据上下文选择相应的含义。——译者

② Nohl, *Hegels theologische Jugendschriften*, p. 429. 黑格尔补充说："纯粹生活的意识是对人之所是的意识。"黑格尔的早期作品通常让我们想到如今所谓的自克尔凯郭尔以来的生存哲学。关于黑格尔和克尔凯郭尔，参 *L'étude de J. Wahl dans les rapports du IIIᵉ Congrès hégélien de Rome*, J. C. B. Nohr, Tübingen, 1934。

研究。①

　　我们不想在此独断地选择这两条道路中的某一条。在我们 15
对黑格尔的研究中,黑格尔的《精神现象学》令我们特别感兴趣,
而这部作品正好处在它所重新思考的早期著作和它所宣告的未
来体系之间。我们在其中发现了黑格尔的整个"教化之路":在
通达哲学之前他本人所遵循的道路,以及为了使这种活生生的
经验进入一个严格的反思框架所付出的逻辑学家的卓绝努力。
我们还没有办法知道,究竟是逻辑使这生命变得僵硬了,还是
相反(正如黑格尔希望的那样),这生命并没有被逻辑本身渗透?
此外,我们将有机会就这个主题比较格洛克纳(Glockner)所说的
黑格尔的泛悲剧主义(pantragisme)与他的泛逻辑主义(panlo-
gisme),他的历史直觉与他的矛盾理论之间的关系。②

* * *

　　不论如何,我们将从黑格尔的早期作品出发,以便更好地
理解黑格尔体系的意义;我们并不把前者与后者对立起来,而
是试图指出,在德国的观念论哲学家中,构成黑格尔的原创性
的因素已经作为萌芽包含在其图宾根、伯尔尼和法兰克福时期
的作品中了。在谢林和黑格尔之间的一个简要比较将使我们的
思想得到更好的理解。

---

　　① 参黑林的基本著作, Th. Haering, *Hegel, sein Wollen und sein Werk*, Teubner,
Leipzig, 1929。第二卷出版于 1938 年,它研究了黑格尔从到达耶拿至《精神现象学》出
版时的思想发展。

　　② 在其致力于黑格尔哲学研究的两卷本(Fr. Frommans Verlag, tome I, 1929;
tome II, 1940)中,格洛克纳以黑格尔的原始的世界悲剧观来反对那构成了其"哲学命
运"的泛逻辑主义。在后续内容中,我们从这种区分得到启发,并首先从世界的悲剧观
开始。

正如席勒对康德所做的那样，谢林以一种具有美学特征的观念论来反对费希特的观念论（它是一种道德观念论）。对费希特至少是早期费希特来说，理智直观就是道德行动的直观；自由的主体通过这种直观把自己提升至最高的自我意识，并在与世界的彻底对立中否定了世界。实践的自由就存在于这种通过反对自己而设定自我的张力中。相反，对谢林来说，正如他在其先验观念论体系的结尾处所展示的那样，理智直观是一种审美直观。艺术家不是在一种斗争中而是在一种恢复的和谐中达到最高的自由，在审美标准中达到与绝对者的契合。正是艺术世界为我们提供了关于绝对者的最高启示。①

然而，我们在黑格尔的早期著作中找不到任何艺术哲学；相反，我们在其中发现的是对一个民族的生活、对个体与城邦之间的活生生关系（就像它在一个希腊人或一个罗马人那里呈现出来的那样）的沉思。主体在其中发现自己的这个客体、这个镜像，因为它是主体的创造，对黑格尔来说（从他最早的步伐起）就不是自然或艺术，而是被理解为超个体的实在的精神，是一个民族的精神、一个宗教的精神。历史整体的经验无疑是黑格尔的根本经验，是他力图把它整合到德国的观念论中去的经验。被费希特如此深刻地加以发展的康德的自由理论依然是一种抽象的理论。哲学的观念论需要在具体的历史中思考人，并在其中发现人的精神。席勒、歌德和谢林已经为此开辟了道路，但他们（就像歌德所想做的那样）特别思考了精神性的人与自然的

---

① 参 Le système de l'Idéalisme transcendantal de Schelling, Werke 1858, III, traduction française de P. Grimblot, Paris。尽管我们在这个作品中发现了作为人的第二自然的历史概念，它实现了自由与必然的调和，这已预示了黑格尔的概念，但这还只是一种迹象。

关系问题，他们甚至把自己提升到了一种艺术的思想，但仍没有达到已经被赫尔德预见过的关于诸民族的历史的思想。

相反，黑格尔正是从这种历史的思想开始的，而这种历史 17 思想也出现在他自 1807 年的《精神现象学》到 1821 年的《法哲学原理》的哲学生涯阶段的重要作品中。以"实定性"(positivité)和"命运"这两个概念为中介，对黑格尔青年时期作品的研究因此将把我们从对于民族精神(Volksgeist)的最初洞见引向历史发展的问题。我们随后将会看到，在耶拿进行严格意义上的哲学教化的那几年中，黑格尔如何组织这些概念，并试图把他对一个民族的有机生活及其与世界精神的历史的关系的直观，概念化地呈现在他的第一部法哲学和第一部伦理学体系中(这些书在其生前一直没有出版)。在这一精神的领域，正如我们所说的那样，黑格尔的这些研究是第一手的著作；相反，在自然哲学的领域，他没有思考事物本身——他不像谢林那样有对宇宙的直观或共鸣，他只局限于思索从其老同学那里借来的自然哲学的概念。他思考这种自然哲学已经直接阐明了的概念，有点像今天的科学哲学思考那些由科学本身提供的概念那样。但在人类历史的领域却不是这样。在这里，黑格尔从它们的源头本身出发建构这些概念，但黑格尔哲学的这些最早的基本概念的形成，对于理解这种哲学是极其重要的。这就是为什么我们要诉诸早期作品，在其诞生处来研究这些概念。

第一章　民族精神

荷尔德林在《许佩里翁》(*Hypérion*)中写道："一个人从其祖国的繁荣中汲取欢乐和力量是幸福的。"①对黑格尔来说，退回到自身的个体只是一种抽象。这也是为什么真正的有机统一、具体的普遍性在他看来就是民族。当谢林在艺术作品的产物中看到绝对的直观(这种直观调和了主观与客观、意识与无意识)时，黑格尔在其于耶拿所写的《伦理体系》中，用民族生活的具体的有机组织取代了作为绝对者之表达的艺术作品。他的第一个精神哲学将是对社会组织(从其在人的具体欲望中的基础到它在国家中的最高表达)和民族宗教(既是主观的又是客观的原始精神性的伟大)的描述。在家庭即放任自流的自然上升所至的最高统一体中，"男人在女人中看到了他的肉中之肉"，但是这种在既同一又有差异的他人之中对自身的沉思依然受到一种自然差异的影响。家庭只是一种民族精神的预显，这就是黑格尔为什么要补充说："如果依据自然，男人在女人中看到了他的肉中之肉，那么依据伦理范畴，他在伦理实在中、透过伦理实在发现

---

① 在《许佩里翁》中，黑格尔的朋友荷尔德林如此为自己再现了这一时期的德意志的状态。这个图景在表面看来只是反抗土耳其统治的现代希腊。

的只是他的灵中之灵（精神中的精神）。"①在一个民族中且只有
在民族中，道德性（moralité）才能实现，才不再只是一种应然存
在，"一个不可企及的理想"。如果我们把民族精神视作精神实
在或第二自然（就像谢林在谈论权利的世界时所说的那样），那
么就可以说"理性在民族精神中被有效地实现了"，它就是"活的
精神的在场"。在这种精神中，个体不仅拥有了他的目标（desti-
nation），还可以说实现了他的目标，这个目标并没有超越他，
因为它出现在其民族的全部风尚和整体生活中。这就是为什么
古代的贤者说智慧和美德在于遵循其民族的风尚生活。②

　　民族精神因此是调和了应然（sollen）和存在的东西。这是一
种无限超越个体，却允许个体在一种客观的形式中发现自身的
历史实在。这是严格意义上的精神世界（如黑格尔在《精神现象
学》中所说，是作为一个世界的个体），而不像在康德和费希特
的道德哲学中那样是理想的状态——对康德和费希特来说，世
界，即使是精神世界，"总是像它所不应该是的那样，以便道德
使它成为像它所应该是的那样"。但是黑格尔在道德性
（Moralität，在康德和费希特那里，它只是表达了行动着的个体
的观点）之外发现了由各种风尚和制度所构成的活的实在（Sittli-
chkeit）。美德，就该词的实际意义而言，拥有一种鲜明的个体
性的含义；它更多地对应于个体与他的民族相对立的环节。"它

　　① Hegel, *System der Sittlichkeit*, éd. Lasson, Band VII, 1913, p. 465. 只有在某个民族
的生命中，"理智直观才同时开始成为一种真正的直观"，"由此精神之眼和肉体之眼合
而为一"。

　　② *La Phénoménologie de l'esprit*, traduction citée, tome I, p. 292. 精神——超个体的
实在——在此被定义为已成为具体存在的实现了的理性, tome II, p. 9。

21　不像古典美德那样是一种实体性的美德"①，后者在民族的生活本身中发现了它的内容。为了阐明黑格尔在此在 Moralität（道德）与 Sittlichkeit（伦理）这两个术语之间所做的如此重要的区分，我们将依据习惯采用"道德"（moralité）和"伦理世界"（monde éthique）这两个法语词表述。选择"伦理"一词当然是相当任意的，但它的优点在于，它在词源上与希腊语中的 ethos（习俗、习惯）一词有关，而黑格尔认为 ethos 与德语中的 Sitte 是相一致的。毫无疑问，"道德"这个词也与 mores（风俗）有关，但是这一不可避免的词源联系足以表明，在该词的康德意义上的道德只是伦理生活的一个环节，而非全部；它只是相应于主观反思的阶段，并处于一个民族的直接性的生活与社会和国家的客观组织之间。②

这些评论，如果我们拓展下去，将引导我们超越黑格尔的最初直观，直至他在《法哲学原理》中所完成的体系，但眼下，我们更感兴趣的是追溯其思想的起源。而毋庸置疑的是，从其青年时期的最初著作尤其是他在图宾根时期的作品起，黑格尔就把精神生活思考为一个民族的生活。在这一方面，他在这个时期所运用的术语是颇有特色的：他谈到民族精神（Volksgeist）、民族灵魂（Seele des Volks）、民族天才（Genius des Volks）。我们随即将要探寻这些表述在当时的哲学中的起源，但它们已经清

---

① "美德和世界的进程"。"古典美德有一种精确和确定的含义，因为它在民族的实体中有其坚实的内容"，参 *La Phénoménologie de l'esprit*，traduction citée，tome I，p. 319。

② 关于道德和伦理的对立，参 *La Phénoménologie de l'esprit*，traduction citée，tome I，p. 283。在《法哲学原理》中，黑格尔区分了（客观的）抽象法、主观的道德法（Moralität）和它们在国家中的统一（Sittlichkeit）。

晰地表明了黑格尔思想的个性特征之一。在个人主义和世界主义之间，黑格尔寻找那作为民族精神的具体精神。精神的化身 22 是一种既个体化又普遍化的实在，正如它在世界历史中以一个民族的形式自我呈现的那样。人性只有在不同的民族中才能实现自己，而这些民族各自以其独特的方式展示了其普遍的特性。①

然而，黑格尔的这些早期作品尤其立足于宗教之上。但准确地说，宗教是一个民族的天赋和精神的本质环节之一，而黑格尔也将尝试着如此这般地去思考宗教。为此他甚至将反对那在 18 世纪以自然宗教的名义构造的抽象的和反历史的宗教概念。不过黑格尔也不会接受康德的纯粹道德主义（尽管他在这一点上的思想演变相当复杂），后者基于纯粹的道德理想来设想宗教。正是通过在这些不同的概念中尝试为自己定位，黑格尔才能深化他自己的宗教思想，同时还有他的民族精神的观念，这个观念比 18 世纪哲学家们的观念更加具有历史性。

* * *

在图宾根学习班的那几年中，黑格尔像他的同学谢林、荷尔德林一样，对经典古代的美很敏感。对他们而言，希腊城邦是幸福的城邦，是世界的青年，个体与他所融入其中的整体在那里处于完美的和谐之中。一种具体的人性理想已经实现，但西方的民族已经失去了这种幸福。17 世纪的基督教只是一种外

---

① 这是黑格尔主义的基本观点之一，也是他将来的历史哲学的基础。因此，他不会接受柏格森在封闭性与开放性之间的区分。对他来说，无限性或开放性应该在一个封闭的社会中发现自身。诚然还存在着某种不一致，但结果却是，正是这种不一致在诸民族的相继中推动了历史的发展。

23　　在的宗教，它没有足够深地穿透到灵魂的生命中去。黑格尔也
了解产生在法国的伟大的理性解放运动，它以 Aufklärung（启蒙
运动）的名义在德意志传播。黑格尔了解 18 世纪的法国哲学家
们。他怀着激情阅读卢梭的作品；他研究孟德斯鸠，后来将其
作品称为"不朽之作"。[①] 正是在这样的氛围中，他形成了自己
的思想。从这个时期起，我们已经可以试着界定属于他的问题，
这个问题既是理论的，又是实践的。

　　黑格尔询问，在何种条件下，一个宗教才可能具有活力？[②]
由于从卢梭那里得到启发，他区分了主观宗教和客观宗教。主
观宗教类似于萨瓦本堂神甫的宗教，它既对立于伏尔泰那种干
瘪、抽象的理性主义，又对立于权威宗教的实定神学。黑格尔
说，它是一种内心的宗教，能够"激发最伟大的行动，因为它作
用于整个的人而不是只作用于他的理性"。相反，"客观宗教则
让自己对头脑下达命令，它把自己弄成一个体系，呈现在某本
书上，通过话语向他人传播；主观宗教则只外化于各种情感和
行动中"[③]。让我们关注这最后的表述，"主观宗教外化于各种
行动中"。为了理解这个评论的重要性，只要了解一下后来的黑
格尔就行了，对后来的他而言，"人的真正的实在是他的行动"，
"世界历史就是世界审判"（Weltgeschichte ist Weltgericht）。在对
24　宗教的这些早期研究（它们必定会导向民族宗教的理想）中，黑

---

　　① Hegel, éd. Lasson, VII, p. 411.
　　② 人们也许会说，黑格尔提出了一个将萦绕在许多 19 世纪的思想家（直至奥古斯
特・孔德）心中的问题，即如何去寻找一个比基督教更适合于现代人的宗教。然而，通
过思考基督教的本质，哲学将成为宗教主导性的关注。
　　③ Nohl, *Hegels theologische Jugendschriften*, p. 6.

格尔想要重新发现具体的人，而一种对生命的否定性反思却过于任意地在这个具体的人中区分出各种能力，如理性和感性。但具体的人不可能是孤立于其同类或者可以说孤立于其精神环境的纯粹个体的人。这就是为什么黑格尔要以民族宗教来反对私人宗教。后一种对立比前一种对立更重要，因为它向我们展示了黑格尔早期作品的超个体含义。从这个时期开始，宗教在黑格尔那里就呈现为民族精神最重要的显现方式之一。"宗教是人的生活中最重要的事物之一。它塑造了一个民族的生活。""民族精神、历史、宗教，以及这个民族的政治自由度，都没有被看作相互隔绝的，它们不可分解地统一在一起。"①值得注意的是，黑格尔的这些早期思考并没有遵循康德在《纯粹理性批判》或《单纯理性限度内的宗教》中勾勒的道路，即从道德通向宗教。相反，他研究宗教，认为它能比一种抽象的道德主义更具体地阐释人的生活。② 但正如卢梭已经指出的那样，基督教主要是一种私人宗教；相反，古代宗教则是城邦宗教，是人们对于其绝对实在所拥有的一种直觉。民族宗教和私人宗教像希腊主义和基督教那样相互对立；黑格尔首先想要反对他那个时代的个人主义，他把这种个人主义的渊源归结于基督教。在对黑格尔的 25
图宾根岁月的研究中，我们已经能够揭示某些确定的联系：一方面是在私人宗教与黑格尔后来所谓的 Moralität（道德）之间的联系；另一方面则是在民族宗教与 Sittlichkeit 即伦理规范或民族

---

① Nohl, *Hegels theologische Jugendschriften*, pp. 3 sqq., p. 27.

② "对感性的人来说，宗教也是感性的；宗教冲动要有效，也应该是感性的，才能作用于感性。"Nohl, *Hegels theologische Jugendschriften*, p. 5.

风尚之间的联系。①

通过把主观宗教与客观宗教对立起来，把民族宗教与私人宗教对立起来，黑格尔在宗教方面采取了一种与启蒙运动相异的态度。Aufklärer(启蒙思想家们)的抽象理性主义实际上消解了宗教生活的所有形式，并导致了无神论或一种没有生命和具体内容的自然宗教。而黑格尔则力图把宗教理解为一个特定民族的天赋的最初显现方式之一。这就是为什么他认为一个民族精神的形成是与其宗教、各种仪式和神话联系在一起的，抽象的知性则由于把这些从它们的环境中孤立出来或剥夺了它们的原初意义，而不再能理解它们。一种与 18 世纪完全相异的宗教解释在此得到了揭示，但我们不是早在赫尔德那里就发现了这种解释的种子吗？黑格尔说："通过知性占有一个民族的宗教，这不是了解它的方式。"

因此，宗教对黑格尔来说是一种超个体的现象，它属于这个独一无二的、单个的整体，即民族精神。但在黑格尔的早期著作中，"民族精神"这个表述究竟意味着什么？

很难给它一个极其精确的定义。在黑格尔严格地界定他通过民族精神来理解的东西之前，在他透过诸个别的民族精神的特殊环节而把历史哲学设想为世界精神的发展之前，应该有一段漫长的哲学发展时期。在其沉思之初，更重要的是直觉而不是一个得到恰当规定的概念。在我们看来，至关紧要的是这个观点，即构成一个民族的整体不是一种聚合的结果。像在亚里

---

① "私人宗教塑造了个人的道德，而一个民族的宗教以及政治环境则塑造了一个民族的精神。"Nohl, *Hegels theologische Jugendschriften*, p. 27.

士多德那里那样，整体在此先于它的各部分。如今我们喜欢把
共同体与社会的概念相对立，但这种对立在黑格尔思想的最初
步伐中就已经初露端倪。社会是由筹划着特殊目的的诸个体联
合组成的。这种组合本身没有其专有的目的。相反，在共同体
中，诸个体的统一是在先的；它是内在的 τέλος（目的）。对黑格
尔来说，民族精神确实更多是一种表达了精神共同体的东西，
而非一种来自沿袭了市民契约模式的契约之物。总之，这个民
族精神对他而言是一种具有独特的、可谓不可分割的个性特征
的原初的精神实在。它已经是一种理念（在黑格尔本人后来赋予
该词的意义上）。因此可以说，在黑格尔的思辨起源之初，民族
精神的概念就是与 18 世纪的原子化概念相对立的。[①] 一个民族
不是由诸个体-原子构成的；相反，它是一个先于其成员而存在
的有机组织（黑格尔有力地坚持了这一点）。最后，在黑格尔青
年时期的思想中，民族精神与诸个体的精神并不是对立的；相
反，它们之间已经有一种预先存在的必要的和谐。个体只有通
过参与到那超越了他且同时表达了他的存在，即家庭、文化和
民族中去，才能在其完满性中实现自己。只有这样个体才是自
由的。

我们也许会追问，黑格尔从谁那里借来了他那关于民族精 27
神、民族天赋的表述。人们首先想到的是孟德斯鸠。黑格尔曾
经特别地研究过他，而且多次提到他。在孟德斯鸠那里，对一
般规律的探究并不排除对差异和特殊的研究。在追寻法的精神

---

① 此外，应该强调一下这个事实，即在黑格尔的早期著作中，国家还没有显现为
具有强制性的。个体在这个直接表达了他的共同体中是自由的，且只有在这里他才是
自由的。

中，孟德斯鸠想要揭示法律与地理环境或"民族的一般精神"的关系。他写道："法律应当与那创制它的民族相契合，因此，如果一个民族的法律与另一个民族的法律相一致，那将是一个非常巨大的巧合。"①但是在他那里，民族精神显现为各种不同力量的结果。而在后来的历史学派中，民族精神则宛如一个原始的萌芽，一个原初的给予物。尤其是在通过其诸精神要素来界定民族精神这一点上，黑格尔已经凌驾于这种对立之上。甚至在他将来的历史哲学（其中包含着关于诸文明的地理分布的有趣评论）中，自然力量也只是起着一种从属的作用，只是某种特定的精神得以显现的条件。然而，这不能说黑格尔忽视了自然与民族精神之间的联系。在其青年时期的一个片断中，黑格尔以一种诗性神话的形式写道："民族精神仅凭一根轻盈的线联系于大地，但这根线借助某种神奇的力量抵制了一切想要打断它的企图，因为它是完全忠实于它的存在的。"②

28　　　尽管如此，黑格尔所构造的民族精神的表象还是不同于孟德斯鸠所谓的一个民族的一般精神；毋宁说他是试图去抓住一种个体精神之不可还原的独特性，而不是要去发现其机械的成分。③ 在这一点上，黑格尔更接近于其同时代的同胞赫尔德，而非那位法国哲人。事实上，正是赫尔德首次将诸民族的原始天

---

① 《论法的精神》第一章第三节"论人为法"。黑格尔称赞孟德斯鸠把他的著作建立在"对诸民族的个性和特性的直觉之上"。"他虽然没有上升到最生动的理念层次，但至少没有从所谓的理性中推导出各种特殊的制度，也没有从经验中抽象出它们来"，他试图去把握个别的整体、一个民族的一般精神。Hegel, éd. Lasson, VII, p. 411.

② Nohl, *Hegels theologische Jugendschriften*, p. 27.

③ 他是自发地这样做的，他并没有在这些著作的开始部分又重新提起这种不可消减的个体性理论。黑格尔总是在诸个体（如苏格拉底、基督、亚伯拉罕、安提戈涅等等）具现了某一确定的精神的时候，才以一种独特的方式去描述他们的特征。

赋与一种"历史意识"结合起来加以思考。正如赫尔德在他与歌德的斯特拉斯堡会谈中，通过使歌德明白诸民族的原始诗歌同《圣经》或莎士比亚一样优美，向歌德揭示了历史的维度，赫尔德的行动对黑格尔来说也必定是同样重要的。赫尔德在历史中处处都找到了活泼泼的、无固定形式的、生生不息的能量，作为能动力量的标志。但是他的发展概念也许依然过于自然主义了，以至无法激发出黑格尔的概念。为了描述历史中的精神生命尤其是民族生命，黑格尔一开始就利用了有机体的隐喻，但他将逐步地用一种更适宜于精神生长的辩证法来取代它。

　　最后，应该指出一种无疑是极为关键的影响，即卢梭的影响。这一点乍看起来是矛盾的。在法国，我们经常倾向于把《社会契约论》解释为一部个人主义的作品，因为国家在那里被认定为一种个体间的契约的结果。但事实上，特别触动黑格尔的不是作为契约的契约，而是公意的观念。在诸个体意志之上，有一种公意的超越，而在黑格尔看来，把国家视作意志这个事实是卢梭的伟大发现。卢梭并没有说："联合的行为产生了一个道德的和集体的实体，而这个实体则从这同一个行为中获得了它的统一性、它的公共我、它的生命和它的意志。"①最终，是卢梭本人强调了公意和众意之间的区别："公意只考虑公共的利益；而另一个则只关心私人利益，它只是诸个别意志的总和。"因此，黑格尔在卢梭那里找到了一个民族的公意观念，这个观念不仅是诸个体的理想，也是主权中的实在。"主权，根据只有它存在

_29_

---

① *Contrat social*, éd. Beauvalon, p. 141.

这一点，就总是它所应该存在的东西。"①而且，卢梭在某一单个民族的公意中看到了一种对于其他民族的特殊意志。因此，卢梭的概念应该启发了黑格尔自己思想的许多特征。然而契约的概念仍然有个人主义的污点，它还分享了一种原子式的偏见。这就是为什么黑格尔要去批评它，但这是为了更明晰地强调那至关重要的、不同于诸特殊意志的公意观念。

　　我们可以把握在黑格尔的民族精神这个早期概念的形成过程中的这些不同影响。但正如我们将在随后的研究中试图指出的那样，黑格尔的概念同样是原创性的。尽管如此，在看到黑格尔借助对"实定性"和"命运"这两个观念的讨论来使他的历史思想变得明确之前，使我们感兴趣的是探究处于其思想形态之发端处的东西，即黑格尔关于自由的理想。个体和城邦的某种特定的和谐关系，人对其尘世之城的积极参与，这种自由观对我们的哲学家来说就是古代世界的特征。它的消失以及与基督教相关的两个世界之分裂的产生，就是苦恼意识（conscience malheureuse）的特征。②

────────────

　　①　亦参《社会契约论》第二卷，尤其是第三章"公意是否可能错误"。我们不能过于强调卢梭对黑格尔的国家概念的影响。卢梭在这方面的影响与他对康德及其道德主义的影响是同样深刻的（虽然有所不同）。

　　②　在黑格尔看来，伴随着基督教的出现，产生了此世和彼世的分离。以前，在古代的城邦中，一个民族的宗教是纯粹的内在性。在经历了基督教的分裂（苦恼意识）之后，如何才能恢复这种内在性？在我们看来，这在某种程度上是黑格尔主义的实质问题之一。因此，在基督教之后，应该有向古典世界的某种可能的回归。

第二章　苦恼意识的最初形式：古代世界与基督教的自由

　　狄尔泰是第一个注意到黑格尔青年时期的某个作品之重要性的人。而且，他指出，这部作品是后来所谓的"苦恼意识"概念的雏形。我们知道苦恼意识在黑格尔的《精神现象学》中以及后来的《宗教哲学》中具有何等的重要性。在抽象的形式中，苦恼意识指的是在人的有限生命与他对无限的思维之间的矛盾意识。"通过思维，我把自己提升到了绝对者，超越了一切有限的存在物。因此我是一个无限的意识，而同时，基于我的经验规定性，我又是一个有限自我的意识……这两个极项既互相寻求，又彼此逃离。我是对这种统一和这种冲突的感觉、直觉、表象，是这两个处在冲突中的极项的联结……我就是这种斗争，我不是处于冲突中的这两个极项的任何一个，但我就是这两个斗争者以及斗争本身。我是相互交融的水和火，是那绝对地相互逃离的双方的结合和统一。"①在《精神现象学》中，苦恼意识在犹太教徒和部分中世纪的基督徒中找到了其历史的具身显现，它实际上是一种作为生命之不幸的生命意识。② 人凌驾于其尘世的

――――――

　　① Philosophie de la Religion, cf. aussi La Phénoménologie de l'esprit, traduction citée, tome I, pp. 176 sqq.

　　② La Phénoménologie de l'esprit, traduction citée, tome I, p. 178. "生命的意识、实存的意识只是处于这种实存中的主体的哀痛。"

和必死的处境之上；他仅仅是无限者与有限者的冲突，是他在其生命之外设定的绝对者与那注定要终结的生命的冲突。这种冲突是对浪漫主义的表述，也是对费希特的同一哲学、自我悲剧的表述。它是黑格尔哲学的本质环节之一，是对断裂和分离的回应并且先于任何的统一与任何的和解。

　　这就是为什么在研究一种历史危机时，探究苦恼意识的最初形式是更有意义的事。对我们来说值得注意的是，黑格尔并没有从思考一般形式的苦恼意识开始，即把它看作在人之中的有限和无限的冲突，就像我们刚才引用的那段话所特别阐明的那样。相反，他是通过考察历史的演化、从古代世界向现代世界的转变，才第一次呈现了人的意识的这种分裂。此外，如果说在《精神现象学》中，苦恼意识以这种抽象的和一般的形式呈现在自我意识的发展进程中，那么它也再一次呈现在被理解为一种超个体实在①的精神的发展进程中——正好是在提到古代城邦的消失的时候，罗马帝国听任诸个体消解在其特殊性中，而只赋予他们一种普遍性的外观即罗马法的外观之际。因此，我们将更加具体地研究他在伯尔尼的这个文本，以便揭示历史辩证法的原初形式以及那将成为黑格尔所说的"苦恼意识"的根源。这个文本的标题为"希腊人的宗教想象和基督徒的实定宗教的区别"（Différence entre l'imagination religieuse grecque et la religion positive chrétinne）。② 黑格尔提出的问题是从古代世界向现代基督教世界的转变。对孟德斯鸠尤其是对吉本（Gibbon）的作品的

_____

　　① 　*La Phénoménologie de l'esprit*, traduction citée, tome II, pp. 44 sqq. "法权状态"。

　　② 　Nohl, *Hegels theologische Jugendschriften*, pp. 219 sqq. （中译文参照黑格尔：《黑格尔早期著作集》[上]，贺麟等译，商务印书馆，1997 年，第 320 页以下。——译者）

研读启发了我们的哲学家。但是他处理文本的方式是极其独特的。问题是要描述人类精神演化的特征，是从一个精神世界到另一个精神世界的不可见的转变。黑格尔并没有停留在历史事件中，他试图理解事件中的深刻意义并在制度的变迁中发现价值观的演变："异教遭受基督教的镇压是最令人震惊的革命之一，对其原因的探究尤其应该集中在历史哲学家身上。"①黑格尔告诉我们，那些打动每一个人的伟大变革，应该是先伴随着一些悄无声息的变革，"这些变革对每一个人来说都是不可见的，是不被他们的同时代人发现的，而要表达它们就像要理解它们一样困难"。正是对在社会机体、生活和风尚中发生的这样一些内在转型的误解，才使得随后突然出现在世界舞台上的这些变革如此令人吃惊。正如黑格尔在《精神现象学》中所说，一个孩子的诞生，突然的质的飞跃，是先有一个缓慢的孕育过程、一种不可见的量的发展的。② 把握世界精神的这些转变、使思想习惯于这个精神的成长，一开始就是黑格尔的目的；在他的时代，他不是观察到了这同一种秩序的转型吗？他那先于逻辑的辩证法首先是一种理解历史的生成并调和时间与概念的思想努力。 *34*

然而，从古代城邦(黑格尔青年时的理想)向现代世界及其宗教(即基督教)的转型，不能以一种简单的方式来解释。黑格尔问："一种数个世纪以来一直扎根于国家中，与国家的建制有着如此

---

① Nohl, *Hegels theologische Jugendschriften*, p. 220.
② 质变和量变的辩证法将在涉及"量度"范畴的逻辑中找到它的位置。*La Phénoménologie de l'esprit*, traduction citée, tome I, p. 12.

紧密联系的宗教如何会消失?"①今天，我们认为异教的神灵和神秘事物完全不可信。它们的荒谬似乎是显而易见的，然而，古代最优秀的人却信奉那些在我们看来似乎只是一种愚蠢编织起来的东西。但黑格尔却公正地指出："我们在古人那里找不到如今属于我们的实践理性的要求之类的东西。"一种实践理性的演化的观点(它对康德来说是如此陌生)，一种实践理性对历史之依赖性的观点因而在此被明确地揭示出来。

不管怎样，我们对从异教向基督教的转变所做的完全理智性的解释是不充分的。也许只要知性之光照亮异教神话就足以让人发现其幼稚性了，但是异教徒也有一种知性。启蒙之抽象的和一般的解释不能令我们满意。有一种像如此这般的有待理解的精神转变："不论谁已经做出这些评论，都不会对这种答案满意。"

因此，与孟德斯鸠之完全政治的和人为的解释不同，应该去理解希腊和罗马的宗教是如何与古代人的整个生活联系在一起的。这不是一个形而上学的体系，不是一种反思的产物，而是与公民生活、战争、政制等密不可分的。从其根源上它就是一种民族宗教，不是外在地强加到那些参与其中的公民身上的。"希腊和罗马的宗教是一种自由民族的宗教，随着自由的丧失，这种宗教的意义、力量和它对人们生活的适切性也就消失了。"②从自由到专制的转变导致了古代宗教的式微，当自由变成了一

───────────

① Nohl, *Hegels theologische Jugendschriften*, p. 220. 这种宗教是一个城邦宗教，它把它的产生、发展和胜利都归功于它的诸神。这种宗教不是向彼岸的一种逃遁。

② Nohl, *Hegels theologische Jugendschriften*, p. 221.

个空洞的词语的时候，宗教也就失去了它对心灵的权能："如果河水干涸了，渔网对渔民来说还有什么用呢？"

异教的消失因此是和自由的消失紧密相关的。起初，黑格尔的这种解释看起来是令人失望的。这涉及的是何种自由？它由什么构成？在临近生命终点时，黑格尔将这样谈论自由："世界的最终目的是对精神之自由的意识。但只有在我们的时代里，人们才前所未有地、更深地了解和体验到我们所描述的这种自由的无规定性。"[①]换言之，需要解释的是自由的概念本身。认为古代的公民会喜欢我们所谓的个人自由（如意识的自由），这肯定是很难被接受的。但对青年黑格尔来说，自由不是个体的任意的自由，它表达的是个体与其城邦之间的一种和谐关系："对古代公民来说，他的祖国或他的国家的观念是不可见的实在，也是他为之努力的最崇高事物。这是他对于世界的最终目的，或者说是他的世界的最终目的。"[②]黑格尔想起了孟德斯鸠，对后者来说，共和国的原则是美德，不是个体道德意义上的美德，而是公民道德意义上的美德。古代公民之所以是自由的，恰恰是因为他的私人生活与他的公众生活之间并不是对立的。他属于城邦，而城邦不像一个国家那样是一种强制束缚他的外在权力。"作为一个自由的人，他服从他给自己所立的法，他奉献他的财产、他的热情和他的生命给一个属于他自己的实在。"[③]因

36

---

① 我们知道对黑格尔来说，历史哲学是自由之实现的历史；但是这个自由在黑格尔那里有一种有待阐明的含义；这个术语对他来说有一种形而上的意义。它与我们法国哲学家给予它的意义是不同的。

② Nohl, *Hegels theologische Jugendschriften*, p. 222.

③ Nohl, *Hegels theologische Jugendschriften*, p. 221.

此，这种自由是个体融入整体中去，而这个整体、这个理念，正如黑格尔所说，是在实在中而不是在一个彼岸呈现给他的。祖国或城邦对于古代的公民来说并不是一个事物，而是一种活的实在。在这个生命中尚没有裂痕，个体并不与国家相对立，以至在退回自身时，他需要到一个彼岸去寻找其最高的善。古代的宗教只是对这种生活的表达。如黑格尔所说："在这个理念面前，他的个体性消失了。"他把自身不朽的部分放在其城邦中，这就是为什么灵魂不死的问题并不以和我们同样的方式向他提出："当最高事物的秩序、他的世界、他的共和国对他而言已经破碎时，加图只是转向了柏拉图的《斐多》；这样，他向一种依然高级的事物秩序逃离。"①我们明白，对黑格尔而言，柏拉图的理想国不是一个乌托邦；相反，它概念化地传达了古代城邦的内在理想。②

那么，在这一古代世界产生了什么样的转变呢？黑格尔后来在《精神现象学》中说，市镇自治的政体在战争的影响下瓦解了。帝国统治出现了，随之而来的是个体退回自身之中。不断
37 增长的财富和不平等导致了国家的解体："很快我们就看到了孟德斯鸠在美德的名义下视作共和国原则的这种情感、这种意识的消失，以及这种为一个理念（对共和国成员来说，这个理念是在他的祖国中被实现的）而牺牲个体的能力的丧失。"③

从这里我们看到了一种衰败，正是在公民与城邦之间的这

---

① Nohl, *Hegels theologische Jugendschriften*, p. 222.
② 我们在后面（参第五章"现代世界：国家与个人"）还会强调黑格尔从柏拉图的共和国中构造出的这个观念。
③ Nohl, *Hegels theologische Jugendschriften*, p. 223.

种活的纽带的消失产生了各种新的需求，并导致了历史上最为重要的转型之一。"把国家视作其活动之产物的意象从公民的灵魂中消失了。"①只有少数几个人承担了国家的重任，有时甚至只有一个人。其他人只不过是一台机器上的齿轮。② 这就是为什么黑格尔认为自由已经消失，取而代之的是个体为了其自身而追求的有限利益，一种就其自身而言已不再是自由的活动，因为它是有限的，并无往而不碰到其限制。"任何活动、任何目标都只与个体有关；不再有任何为了一个整体、一个理念的活动。"③取代这种与一个生命亦即其城邦生命的融合的，是个体退回到了其自身之中，并只关心他自己的享乐。黑格尔认为，对私有财产的强烈欲望就体现了这种转变。财富取代了国家，在黑格尔看来，这种转变是如此重要以至他将它看作精神的一个典型演化。在耶拿的精神哲学讲座和《精神现象学》中，国家和财富将再次被当作一种辩证法的两个环节。④ 财产及诸所有者相互之间的关系成了最重要的事，私人权利或抽象的权利被建构起来。每个公民都只把国家看作一个他最大程度地用来满足自己利益的外在权力。"每个人都为他自己而工作，或被迫为另一个人工作。"公民的权利只是提供了一种财产安全的权利，后者现在充斥于个人的整个世界。⑤ 在《精神现象学》中，黑格尔回溯到那

38

---

① Nohl, *Hegels theologische Jugendschriften*, p. 223.

② 参谢林在这一时期就国家所说的话："没有国家的理念，因为国家是一台机器。"他在给黑格尔的一封信中阐述了这个思想，但黑格尔没有回信。

③ Nohl, *Hegels theologische Jugendschriften*, p. 223.

④ 国家将显示为个体的命运，财富则显现为国家的命运。关于国家权力和财富的辩证法，参 *La Phénoménologie de l'esprit*, traduction citée, tome II, pp. 57 sqq。

⑤ Nohl, *Hegels theologische Jugendschriften*, p. 223.

替代了城邦伦理生活的罗马法权。这个法权在本质上是个体性的；它不再是内在于诸意识中的古老的宗教法，它呈现出一种普遍的特征，个体当然是被承认的，但在他身上被承认的是抽象的人格，是活生生的、具体的人的面具。存在着的只是一种社会原子主义。

　　自此以后，古代宗教不再有任何意义；在这种世界的不幸中，新的要求被感觉到了。而被黑格尔在图宾根时期称作私人宗教的基督教得以建立起来。既然那种洋溢其生命、鼓舞其活动的东西对人来说已经消失了，"死亡于他而言就显得阴森可怕了，因为没有任何东西在他死后还继续存在。相反，对共和国的人来说，共和国却继续存在"。在这种情况中，人们应该逃离这世界去寻找那在世界之外的某种绝对事物。有限和无限对他来说已经分裂，而上帝则向他显现为一个不可企及的彼岸。"理性无法拒绝在某处寻找那不能在人的意志中遇到的绝对者、独立者。这个绝对者、独立者是在基督教所提供给他的圣事中呈现出来的，它虽外在于我们的力量、我们的意志，却并不外在于我们的哀求、我们的祈祷。"[①]一个道德理念的实现因而仍只能被欲求，而不能被意愿——因为我们可以欲求的，我们无法自己完成；但我们期待它，而无需我们的协助。人的被动性伴随着这种以超越为目标的要求。黑格尔还强调了这种不能为祖国奉献其生命的痛苦的人性特征，因为对个体安全与和平的趣味已变得过于普遍。"我们对国家不再持有兴趣，因为我们不再真

---

　　① Nohl, *Hegels theologische Jugendschriften*, p. 224. 黑格尔在此强调了基督徒对其上帝的被动顺从，这与异教徒的尘世活动形成了鲜明的对比。甚至殉道者也在他的英雄主义中显示了某种被动性。

正在其中有所作为，而只能对我们积极参与的事物才有兴趣。我们只是被动地希望它维持自身，以便为我们确保我们的日常饮食或我们所习惯了的优裕享受。我们远离了任何的战争，因为它与普遍的愿望，即对平静而单调的享乐的需求是背道而驰的。"然而对黑格尔来说，战争是一个民族生活的必要环节，而那些不能承受战争的民族不再是一个自由的民族。

　　通过这些引证，我们看到了自由在此对黑格尔所意味的东西（即个体的任性自由的对立面）和在历史中造就一个幸福的民族对我们的哲学家所意味的内涵。正是在城邦解体之际，苦恼意识产生了，而基督教是对它的一种表达。但黑格尔没有回到已经过去的东西。这个巨大的撕裂有其必要性，为使一种重新统一得以可能，苦恼意识是一种必要的分离。而黑格尔在此际向自己提出的问题是：透过当代的这种撕裂（基督教尤其应对这种撕裂负责），如何恢复个体与其城邦的和谐关系？

第三章　理性与历史：
实定性与命运的观念

第一节　实定性的观念

黑格尔的哲学终结了 18 世纪的哲学，开启了 19 世纪的哲学，是两个时代的连接点。如果我们考察黑格尔对历史（Histoire）和理性（Raison）所持的立场，那么这个判断就被证实了。我们也许能说，自他青年时期的作品尤其是在伯尔尼和法兰克福时期的作品起，理性和历史就是他所考虑的两个术语，以便使它们对立或调和它们。除了一部《耶稣传》（Vie de Jésus）外，这些时期黑格尔有两个基本的研究，一个是《基督教的实定性》（Positivité de la religion chrétienne），另一个是《基督教精神及其命运》（L'Esprit du christianisme et son destin）。[1] 在此有两个关键的观念——实定性和命运——需要记住，黑格尔的所有沉思都汇聚到这两个观念上。它们的含义刚开始是很普通的，但逐渐变得丰富起来。正是借助这两个概念，黑格尔触及了理性和历史的关系问题。起初他提出这个问题，是带着 18 世纪人的某些色调的，但他在 19 世纪的人中解决了这个问题。一种历史理性显

---

[1]　这些不同的研究包含在我们前面已经征引过的诺尔的合订本中。伯尔尼时期的《耶稣传》已有一个罗斯卡（Rosca）的法译本；最近，《基督教精神及其命运》亦由马丁（Martin）翻译出版（Vrin，1948）。

现在这些研究的最后，这种理性是在历史中才实际变得丰富起 　*42*
来的，正如历史通过理性被照亮那样。①

　　让我们先来考察"实定性"这个词，并看看它对黑格尔来说
意味着什么。在这个时代，对自然宗教的反对是很平常的。诚
然，黑格尔是在谈到宗教时才提及实定性的，但是这个术语有
一个更大的应用范围。在耶拿期间，黑格尔把他早期著作的结
果略作修改之后应用到如下对立之中：实定法—自然法。② 因
此，在 18 世纪，人们是用实定宗教来反对自然宗教的。"宗教
的实定性概念只是在当代才产生并变得重要。"③这个对立之所以
被提出，是因为人们假定，存在着一种人的自然和一种与之相
应的自然宗教。而我们在历史中看到了诸多形形色色、各不相
同的宗教，它们因其制度、仪式和根本的信仰而或多或少地相
互疏离。比如说，我们来考察一个理性主义者如伏尔泰对宗教
所持的立场。他把理性所能接受的信仰归结为最简单的几个概
念，亦即上帝存在和灵魂不朽；他倾向于把所有在历史上出现
过的并在理性的基础上加添各种迷信的宗教都看作偏离正道的
（在信仰的内容中，伏尔泰似乎只能容忍这个理性的基础）。一
个实定的宗教因此是一个历史的宗教。它在人的理性（仅被归结
为理性本身）所能给出的东西之上添加了一些信仰。这些信仰是
在某一时代的特定时刻、在特定的空间区域出现的，它们不可

---

　　① 在《精神现象学》末尾处的一段极其晦涩的话中，黑格尔说现代的任务是调和
精神和时间，正如 18 世纪想要调和精神和广延一样。
　　② 稍后我们将解释这些关于法权的著作。无论如何，黑格尔在提到实定性概念时
所想到的那种对立有着一种极其宽泛的内涵。
　　③ Nohl, *Hegels theologische Jugendschriften*, p. 139, cf. *Les dialogues sur la Rel. Nat.*,
de Hume.

43 能完全地被理性吸收，因此是来自其他地方的。故而我们能赞同黑格尔对这些实定宗教的看法：它们"要么是超自然的，要么是反自然的"。比如说，一个基督徒接受了一个来自上帝的特殊启示，这对纯粹思想来说构成了一种不可化约的实在，一种非理性的给定物（它既是一种对理性而言的给定物，又是一种历史现象）。如果我们稍稍深究一下实定性的问题，我们就会在其中发现实在论和观念论的哲学问题。事实上，实定物如果不是被给定的，或看起来是从外面被强加给理性的东西，那它是什么呢？这一给定物是历史的给定物，在此被提出的问题恰恰是理性和历史的关系问题，也是非理性物和理性物的关系问题。

如果我们不再从理论的角度，而是从实践的角度来考虑这个问题，我们将会发现另一个包含于其中的对立，即强制和自由的对立；在我们看来，这后一种对立对《实践理性批判》和《单纯理性限度内的宗教》的读者来说是一个重要的对立。黑格尔说："一种实定宗教意味着各种感受和行为，这些感受或多或少是被强制地灌输到心灵中去的，而行为则是一个命令的效应和一种服从的结果，它们是不带直接利益地被完成的。"①换言之，在一个实定宗教中，对实践理性来说存在着一种外在性。人并不是自由的，他忍受一种并非由他自己给予自己的法律。正如对理论理性来说，实定物代表了那外在地强加于思想，思想必须被动地接受的东西。同样，对实践理性来说，实定物代表了

44 一个命令，意味着在上帝和人之间的一种主人与奴隶的关系。

---

① Nohl, *Hegels theologische Jugendschriften*, p. 139. 正是在谈到实定性概念时，黑格尔才第一次思考了"主人和奴隶"的关系。在一个实定宗教中，人在上帝面前是一个奴隶，他服从对他而言外在于他的意志和理性的命令。

但是康德的伟大思想——理性就其自身而言是实践的——远远地超越了启蒙那扁平的理性主义层面，又是对这种理性主义的最高表达。人的最高要求是成为自由的，也就是说只从其自身中汲取其行为的准则。自由和自律的概念是实践理性批判的关键概念。而如果说康德为了给信仰让出地盘而限制了理性，那么问题就不在于想要因此在纯粹理性的领域内接受一种非理性的存在。康德承认的法是一种道德法，它并不诉诸历史或一种特殊的启示。纯粹的自由——自律——和人被置于自由和自然之间的处境必然会把我们引向那些可以被理性没有矛盾地接受的假设，但这些假设只是关于上帝存在和灵魂不朽的假设（源于一种在道德中可能的无限进程）。如果我们由自然宗教所理解的是一种能被理性接受、始终与理性本身等同的，因而是非时间性的宗教，那么在此没有任何东西是超出自然宗教的。① 康德写了《单纯理性限度内的宗教》，他在黑格尔之前就遭遇了实定性问题，但他打发了它。他书里的基督只显现为一个道德的典范，一个我们借以使我们对理性为我们提供的道德理想变得明显的模式。通过把道德性转变成合法性，基督教的任何其他概念都将导致自由消失。这个康德曾如此强烈坚持而黑格尔后来则力图超越的对立，在此对于我们理解黑格尔赋予实定性问题之上的意涵依然是有用的。合法性是他律，是通过强制使我们服从那超越我们和并非来自我们的法律；道德则是自由本身或自律。我们只追随那唯一的法律，我们在自身中发现的、属于我们自

45

---

① 然而，在 18 世纪的自然宗教和康德主义假定的宗教之间有着一种巨大的差异。后者端赖于这种理性的无力和实践理性的要求，前者则依赖理论理性，是一种与道德行动相联系的信仰。

己的法律。成为自律的，就是变得成熟，不被动地承受某种外在的秩序。对黑格尔来说，关于合法性的最令人印象深刻的例子是犹太教，即服从神加诸人身上的法律。人之所以服从法律，只是因为他害怕上帝，这个上帝凌驾于人之上，人只是他的奴隶。因此，从实践理性的观点来看，一个实定宗教是一个立基于权威之上、通过把人当作孩子来对待、外在地强加给他并不包含于其理性之中的命令的宗教。实定宗教使上帝成为一个主人，但是却把人变成了一个奴隶，并在他里面培养了奴隶的感觉。在此出现的概念是自由的反题概念，即强制和权威的概念，但是这种没有建立在人的理性基础之上的权威（在这种情况下，我们不再能谈论强制）只能与一个暂时的事件、一种历史的关系相联系。这就是为什么黑格尔在总结了这些不同的实定性含义后能说：“一般地说，这个历史的因素被称为权威。”①

　　因此，我们看到了在涉及实定性这个概念时所呈现的各种问题的纽结，以及黑格尔为了把纯粹理性（理论的尤其是实践的）和实定性（亦即历史因素）辩证地（一种尚未意识到自身的辩证法）联系在一起的一系列尝试。在某种意义上，黑格尔把实定性看作人之自由的障碍，而它也是如此遭到谴责的。研究一个宗教的实定因素——我们也可以补充地说，研究一种社会状态的实定因素——就是去发现那在其中被强制性地加在人身上的东西，那使理性的纯粹性产生污点的东西。在另一个意义上，它最终在黑格尔思想的发展进程中占据了优势，实定性应该与理性相和解。这样一来，理性就失去了其抽象的特征而开始与

①　Nohl, *Hegels theologische Jugendschriften*, p. 145.

生活的具体的丰富性相适应。因此，我们就明白为什么实定性的概念处于黑格尔各种观点的核心。①

最初，通过恢复康德在《单纯理性限度内的宗教》中的研究成果，黑格尔试图把基督与犹太教对立起来，正如道德自律的信奉者对立于一个只知道法律和分离的民族。但在耶稣的生命与康德的作品之间已经存在着多大的一种差异！耶稣不再只是一个感性的典范、一种道德理想的代表。他是一个个体，黑格尔力图去重构的是一段本真的历史。这是一种历史叙事；耶稣显然是其中的一个道德理想，但他是作为一个活生生的人出现的。然而正是自律和他律之间的对立概括了基督的教义和生活。"当你们把教会的法令和国家的法律奉为你们的最高律令时，你们没有理解在人之中的那种为其自己创造神圣性概念的尊严和力量。"②看来还是康德的纯粹理性主义启发了这个文本："理性是让人知晓其目标的东西，是其生活的绝对目的。诚然它通常被遮蔽，但它绝不会完全被扑灭。甚至在黑暗中，依然总是有一抹微光。"叙事最终以基督的死结束。它既没有提及他的奇迹，也没有谈到他的救赎。③

尽管有对任何实定性的这种批评，有在该世纪首次出现的　47
这种耶稣的传记（它看来否定了任何的超验性），但如果认为黑格尔的理性主义和康德的理性主义具有同样的本质，那我们就

---

① 换言之，就像黑格尔的许多概念一样，实定性有双重的内涵：一是贬义的，一是褒义的。实定性如同记忆那样：鲜活而有机时，它是始终当下化的过去；隔膜而无机时，它是不再有本真在场的过去。

② Nohl, *Hegels theologische Jugendschriften*, p. 89.

③ 这个伯尔尼时期的《耶稣传》已经使人想起那些极端左翼的黑格尔主义者后来所提供的有关主人思想的解释。

错了。在这部作品中许多关于爱和生命的段落已经指出了一个
独特的方向。对黑格尔来说，本质的对立不是在纯粹理性和经
验因素之间的对立，毋宁是在生命与静止之物、生命物与死物
之间的对立。在这个意义上，我们对于一个宗教之实定性的判
断就不再如此简单。在伯尔尼末期，黑格尔把关于人的理性的
各种抽象概念，即由那些启蒙思想家们提出的概念与生命的各
种形态对立起来。为了以实定宗教来反对自然宗教，应该能一
劳永逸地规定人性的概念，规定那归结到其自身的人类理性的
各种要求。但我们已在一篇涉及从异教到基督教转变的文章中
看到，古代人和我们对于实践理性的需求可能是不同的。这里
黑格尔写道："但是，生机盎然的自然永远是不同于这一自然之
概念的某种东西，因此那对于概念来说只是修饰、纯粹的偶然
和一种赘余的东西，却变成了必需的、有生命的，也许是唯一
自然的和唯一美丽的东西。"①换言之，这些关于人类本性的抽象
观念、这些关于纯粹理性的概念，不可能在此提供测量的标准，
用以在一个宗教中和在一个社会世界中判定什么是实定的，什
么不是实定的。标准是不可能的："人类本性的一般概念太空洞
了，以致无法为宗教性之各种特定的、必然多样化的需求提供
一个标准。"黑格尔不再相对于理性的观念，而是相对于生命来
判定实定的因素。在他法兰克福时期的思想发展中，这一生命
的观念开始成为其反思的主导因素。贬义上的实定性将不是一
个与宗教或社会的发展紧密联系在一起的具体的、历史的因素
（后者与宗教或社会结为一体，因此不是外在地强加给它们的），

———————————

① Nohl, *Hegels theologische Jugendschriften*, p. 141.

而只是已经死亡的因素——它已经丧失了其活泼泼的意义，只不过是一种历史的残余。基督的形象在黑格尔的研究中变得越来越具体。在宗教中那些摆脱了其说教性的实定物，与那曾经生机勃勃的并紧紧依赖其历史个体性的东西联系在一起。正是基督的人格本身提供了实定的素材：他教导和行动；他谈到自己的个体性，并且行神迹；他作为神意的代表出现。最后，门徒们对基督的个体性、对他在此时此刻的外显在场的忠诚是基督教转变成一个实定宗教的根源。因此，黑格尔可以说："一个宗教在起源的时候并不是实定的，它只是能够变成实定的宗教。这样一来，它就只是作为过去时代的遗物依然存在。"①

但是我们还发现了一篇重要的文章，它告诉我们在哪一点上黑格尔开始意识到历史性与人的生命之间的联系。"在一个宗教中，各种行为、人物和回忆都可以被当作神圣的。理性则在所有这三者中都指出了偶然性。它要求神圣的东西是永恒的、不会朽坏的，但在这样做时，它并没有证明这些宗教事物的实定性，因为人们可以把不会朽坏的和神圣的东西与偶然性相联系，并应该将它们与偶然性联系起来。在他对永恒者的思考中，他把永恒者与他的思想的偶然性联系起来了。"②最后这句话尤其 *49* 向我们展示了黑格尔在理性和历史之间建立的联系；一种自由的新概念——不像在康德那里那样是纯粹否定的——因此应该自我显现。这涉及一种活的自由，一种人与其历史的和解。同样可能的是，这种历史向他呈现为陌异的，在这种情况下，我

① 因此，实定性源于每一个有生命之物的必然转型。

② Nohl, *Hegels theologische Jugendschriften*, p. 143.

们就会谈到实定性，谈到人与绝对者之间的一种外在联系。这是历史上那些不幸民族的命运；但在其他情况下，人与其历史之间没有断裂。只有一个抽象的、外在地进行判断的理性才错误地谈论实定性。

因此，受到怀疑的是在这一历史因素与理性之间的联系。通过生命的观念本身、通过与18世纪的抽象概念相对立的具体的人的观念，黑格尔上升到了一个更深刻的自由概念。但是，只有当我们考察了黑格尔青年时期作品中的另一个重要概念（它揭示了其世界观中的悲剧性因素）之后，这个作为其未来体系之枢纽的概念（即自由——译者按）才能获得其全部的意义。那个概念便是命运。

第二节　命运的观念

借助命运的观念（一个民族的命运、一个个体的命运、一般的命运），而非实定性的观念，我们才进入黑格尔世界观的核心。我们已经能够肯定，是一种特定的悲剧概念构成了黑格尔辩证法的基础，它在通过否定性和矛盾的理论获得逻辑祝圣之前，就启发了黑格尔对历史的最早沉思。[①] 虽然命运的术语，尤其是对犹太民族之命运的表述，已经出现在他伯尔尼时期的著作中，但尤其是在法兰克福时期，这个如此深地受到希腊主义和希腊悲剧启发的概念才在他的哲学中扮演了一个核心的角色。

---

① 尤其参 P. Bertrand, "les sens du tragique et du destin dans la dialectique hégélienne", *Revue de métaphysique et de morale*, août 1940. 作者想要展示"在整个体系以及早在青年时期的著作中，悲剧和命运的某种意义就如何混合在了（绝对者的）这种要求中并决定了它的意义，进而决定了辩证法的形式和运动以及整个体系的发展本身"。

　　依据某些评论者的观点，法兰克福这几年（1797—1800 年）标志着黑格尔思想的一种断裂。在黑格尔早期作品的最早解释者狄尔泰看来，黑格尔在这期间有可能采纳了某种神秘的泛神论，因此就与他的朋友荷尔德林殊途同归了。而在伯尔尼时期，他本来试图去深化康德的道德理性主义，并已经接受了他关于人的道德自由的概念。事实上，我们先前关于实定性的研究已经清楚地展示了从一种抽象的理性、一种依然是否定性的自由到另一种具体的和有活力的理性的过渡。[①] 实定性是不可还原的给定物，并与纯粹理性相冲突；但是黑格尔不想放弃人的自律，也同样不想取消生命的丰富和历史变化的广度。人的一般本性的概念太过干瘪、太过贫乏，以致不能用作生命之树的尺度。因此，我们不能绝对地说在伯尔尼的那几年和在法兰克福的那几年之间有一种断裂，毋宁说有一种演进上的连续性。但是可以肯定的是，生命的观念、所有生命的深刻统一的观念，和在我们的有限生命与无限生命之间的非理性联系的观念、荷尔德林的 ἕν καὶ πᾶν（一和全）的观念自此以后就支配着黑格尔的思想。因此，我们可以更加公正地赞同黑格尔的另一个解释者格洛克纳的观点：在法兰克福的这几年中被置于首位的是在整个生命和生命的全部显现中的非理性因素。[②] 然而，《逻辑学》的未来作者并没有沉溺于一种神秘主义和一种非理性的泛神论之

51

---

　　① 因此，黑格尔的思想演进（如果有演进的话）在青年时期就已从一种革命的理性主义发展为了一种忧伤的神秘主义。在后者中，与宇宙的和解置于了首要的地位。甚至在伯尔尼的《耶稣传》中就已经不乏某种神秘的要素了。

　　② "在法兰克福时期，黑格尔就接受了非理性，就如他在伯尔尼时期接受了道德理性主义一样。"Glockner, tome II, pp. 84 sqq.

中，他力图扩大理性，以便使它适合理解这个生命。而命运的观念，恰恰就是这个理性—非理性的概念，黑格尔借它得以谋划他自己关于生命和历史的辩证法。无疑，他将在这一时期的最后某一个残篇中写道：宗教单独就促成了"从有限生命到无限生命的过渡"①。这个过渡对理性来说是不可思议的，但他自己的哲学已经是一种思考这一过渡的尝试，只是它尚未意识到这种作为辩证法的独特思想。几年之后，在到达耶拿时，黑格尔将说："如果实在是不可思议的，那我们就必须锻造那不可思议的概念。"②

然而，命运的观念意义繁复，它看来超出了理性的分析。相较于实定性的观念，它更是一个非理性的概念。黑格尔从悲剧观中借鉴了这个概念，他和荷尔德林一样，在尼采之前就已经把这种悲剧观看作希腊式明朗的阴暗背景。

我们应该区分：一方面是一般的命运，或实际的实在，这种世界的历史在以后将对黑格尔意味着世界的审判——"世界历史就是世界审判"；另一方面则是对应诸个体和诸民族的独特"遭际"（pathos）的特殊命运。没有什么伟大的事物是不伴随着激情的；也就是说，任何行动，任何个体的伟业都不足以代表普遍性和无限性，不管其如何深广，在其中总是有某种限度，

52

---

① *Système-fragment*, Nohl, *Hegels theologische Jugendschriften*, p. 347. "把人从有限生命提升到无限生命的是宗教。"

② *Différence des systèmes de Fichte et de Schelling*, éd. Lasson, Band I, pp. 104-105. 正是在这篇文章中体现了从泛悲剧主义到泛逻辑主义的转变。概念中的不可思议之处是二律背反、与矛盾的相遇。

它其实就是某种激情①。然而，一个个体的命运和一个民族的命运就是在历史中的这种"遭际"的启示。"命运即人之所是"，它是他本己的生命、他本己的遭际，但它在他看来却是外在于他的。黑格尔深刻地写道："命运是对他自身的意识，却是作为一个敌人。"②正是通过行动，我因此与我自己相分离，并发现我是与我自己相对立的。"只有石头才是无辜的"，因为它不行动，但人必须行动。然而"行动扰乱了存在的平静"，那在我们之中者并非纯粹的无限生命、纯粹的与存在的融合，而是向我们显现为与我们分离的；我们在其中读到了我们的命运，并在生命的中心遭遇到了它。无疑，在与我们的命运相对立并沉思它时，我们可以通过爱——一种 amor fati（对命运的爱）——使我们与命运和解。这种爱同时是一种"死亡和生成"，在其中人发现了他自己与一般命运、与世界历史的最高和解，而这对黑格尔来说，就是最高的自由意识。但是在思考这种作为悲剧本质的和解之前，我们应该更明确地思考个体命运这一概念以及它对黑格尔而言的意义。

一种宗教的命运，一个民族的命运，而不是这种宗教和这个民族的实定性，意味着在一个具体而个别的整体性的概念中的进展。我们知道，从黑格尔反思之初，他就如何敌视一种抽象而模糊的世界主义。在论及他的民族精神观念时，我们已经

53

---

①　请注意此处上下文中的"激情"（passion）一词与"遭际"（pathos）一词在词源和意义上的联系。Passion 一词在字面上的原始意义就是"遭受、受苦或受难"，与 pathos 的意思完全相同，后者可以说是 passion 的希腊词源。——译者

②　Nohl, *Hegels theologische Jugendschriften*, p. 283，我们和前引文章的作者一样认为："如果我们想要获得通向其方法的道路，那么就应该沉浸入这些绝妙的片段中，黑格尔在此从命运的角度来揭示一个个体、一个民族或者一个宗教的'精神'：我们仿佛有见证辩证法正在诞生的感觉。"在伯尔尼，黑格尔从外部来评判基督教，而现在则通过其独特的命运从内部来把握它。

指出了这点，但是有必要再次重申一下，因为这个观点在他的整个历史哲学中将是根本性的。我们也许能说，爱的悲剧性命运就在于不能无限地扩展自己而不丧失其全部的深度。爱因此逃离了任何的具身显现，任何的具体形象（它只有在这种具体形象中才能被加深和被实现）。① 启蒙思想家们的人性观只是一种观念，在黑格尔看来，它是不能成功地被实现并与具体的人相结合的。"对黑格尔来说，唯一可理解的活的统一体不是理性主义者所说的人类，而是民族。"而历史将是诸民族的辩证法，因为一个民族是一个具体的化身，是精神的一个个体化实现；它同时是一个整体和一个个体。这种对爱——这种活的和超个体的纽带——来说想要无限扩大自身的不可能性已经深刻地被基督感觉到了，基督想要保持绝对并挽留其纯洁性整体的自由却以一种"在空虚中的自由"而告终。在《精神现象学》中，黑格尔说："有一种空洞的广延，但也有一种空虚的深度。"因此，只有在某种特定的形式中，伴随某种特定的限度，精神才能在一个特定的民族中实现自己，而这种限度就是这个民族的实定性和命运。但正如对黑格尔而言既有一种作为僵死的残余的实定性，也有一种活的实定性；同样，这个有限而具体的因素（它导致了一个历史的个体或一个民族的遭际）也能被深深地整合到它的精神中去。它是一个整体，而精神则以一种特殊的形象被铭刻于其中，正如一个艺术作品能在有限实现的情况下在自身中蕴涵无限。因此，我们应该去思考一个民族的精神、一个宗教的精

---

① 爱是片面的，是有限的，或者它不确定地延伸，但这样一来，它就没有深度。这种在外延上无限的具体之爱的不可能性无疑是黑格尔的历史思想的出发点，这必然引导他去确定一种诸民族的多样性的概念。

神，或者，那些开创历史并塑造了其时代的人（如凯撒或拿破仑）的精神。当这个精神显示自身时，它就成了它们的命运。而这个特殊的命运，正因为它是特殊的，就承受了一般的命运。它看起来像是一种与生命脱节的实定性，一种应该消失和被超越的残余，以便新的角色能够产生。① 从这种历史世界的悲剧观到一个泛逻辑的概念的过渡是很容易的。只要在驱使着所有民族——这些历史的个体——的全能而公正的命运中发现理念（它因其不充分而在自身中携带着其死亡的萌芽）的辩证法就行了。"如果就这些环节的纯粹性来理解，它们只是诸理念的不安，这些理念当它们在其自身中时，也只是其自身的对立面，而且只有在全体中才找到它们的归宿。"②

为了描述这个已成为一个命运的独特精神，我们将采用黑格尔在法兰克福时期特别研究过的两个例子：犹太民族和基督教。这样我们就能由此把握那种被黑格尔称作精神而在历史中则是一种命运的东西的含义。黑格尔的方法本身是困难的，通过联系于那些精神上伟大的事物，它已经是狄尔泰后来所运用的那种"理解"（compréhension，Verstehen）的方法。理解一个民族的精神、它的命运，事实上并不是把各种历史的奇异性排列起来，而是渗透它们的意义。命运不是一种强暴的力量，而是一种自行显现于外在性中的内在性，是个体使命的启示。因此，

---

① 在思考命运而非实定性时，黑格尔意识到他在引入一个活的概念。实定性是某种客观的东西，与之和解是不可能的；命运则是一种生命的显现，在其中生命本身可以被重新发现。"重新发现了自身的那种生命感受就是爱，在爱中，命运被和解。" Nohl, *Hegels theologische Jugendschriften*, p. 283.

② *La Phénoménologie de l'esprit*, traduction citée, tome II, p. 274. 黑格尔首先把具体的整体设想为一个民族，接着设想为理念，而民族就成了理念的承担者。

为了理解一个民族的命运，应该实现这种"对杂多的原初综合"，这是黑格尔借鉴自康德的观念。但他将它应用到了精神实在中，并在一种活的形式下理解它：一个意义。一个民族的命运当然是一个具体的统一体，我们可以在其奠基者中发现其萌芽。因此，黑格尔能这样写："自犹太人的真正祖先亚伯拉罕时起，这个民族的历史就开始了，也就是说，他的精神是支配着其所有后裔的统一体和灵魂。"① 当然，他也补充说，这个精神从各种不同的侧面显示自己，依环境和那使得犹太民族与其他民族相互对立的冲突方式而定。但是我们应该这样来理解，在此有一个独一无二的精神，它创造了这个民族的命运。

　　人们经常强调那被黑格尔多次提及的亚伯拉罕的故事。② 当我们再次回到这个故事时也应该能被谅解；这是因为，在这个亚伯拉罕的故事中，黑格尔相信亚伯拉罕发现了其所有后代的独特性格。亚伯拉罕出生于迦勒底，但他的第一个行动却是与他的家庭和他的民族分离。"他抛弃了他的家庭和他的祖国，因此打破了爱的联系。""使亚伯拉罕成为一个民族的缔造者的第一个行动是一个分裂，它撕裂了一种共同生活与爱的纽带，打破了由各种关系构成的整体——在那之前，他正是在这些关系中与人们和自然共属一体的。"他从自身中推开的正是青年时期的这些美好关系。③ 他想成为他的主人，想要独立，用黑格尔的术语来说，想要变成自为。但这种比其他民族更彻底的与自然的分离，正是犹太教的精神本身。在此有一种断裂，一种我们可

---

① Nohl, *Hegels theologische Jugendschriften*, p. 243.
② Nohl, *Hegels theologische Jugendschriften*, p. 243, pp. 371 sqq.
③ Nohl, *Hegels theologische Jugendschriften*, pp. 245-246.

以说是整体性的反思，它摧毁了人与世界、人与他人，最终也包括人与上帝的所有活生生的关系。这种反思，亦即这种与生活的分离，黑格尔也在其他民族和创建了那些民族的其他个体中发现过，但没有这般深刻。达那奥斯（Danaos）①也离开了他的祖国，但那是在战斗中，他带着他的神灵与他一道。但是"亚伯拉罕不想去爱"，他没有随身携带这些破碎的纽带所导致的痛苦（这也表明了对爱之需求的恒久性）。对于他所穿越的所有民族来说，他一直都是外来者，他没有通过耕植来占有那些土地。黑格尔告诉我们，他的精神就是敌视这个世界和其他人。"他和他的羊群漫游在一片没有边际的土地上。"②"他因此在这片土地上是一个异乡人，而对这片土地的敌意也引起了对这些他人的敌意。""亚伯拉罕不想去爱"，这个基本的特征对黑格尔来说意味着什么呢？爱是先于任何反思并促成了生命统一的东西，但恰恰是通过这种与自然的分离，通过这种终结生命自发性的对自身的反思，亚伯拉罕不再能把事物当作活物来看待。③ 它们对他来说只不过是他需要用来满足其享乐并确保他自己及其后代之安全的东西。在世界和他之间只有客观的关系，反思的关系，但爱的关系已经不再可能。毋庸置疑，这种撕裂在精神的生命中是一个关键的环节，黑格尔后来能说："犹太民族是最遭天谴的，因为它最接近得救。"④事实上，通过这种反思，亚伯拉罕不

----

　　① 传说中的古代埃及国王，因受到其兄弟埃古普托斯的逼婚而带领五十个女儿逃离埃及，迁到希腊。——译者

　　② Nohl, *Hegels theologische Jugendschriften*.

　　③ 活生生的美不再是可能的。"美"这个术语的频繁使用，表明黑格尔一直不停地思考在犹太民族的精神和希腊精神之间的比较。

　　④ *La Phénoménologie de l'esprit*, traduction citée, tome I, p. 281.

再能从一个有限的角度来思考上帝。有限和无限之间的实际体
验的联系即爱本身已经被打破，事物仅仅是事物，而上帝则是
无法企及的彼岸，人们不再能在生命的内部找到它。因此，在
黑格尔看来，这个精神的本质特点似乎是对所有生命必需价值
（如英雄主义或对人类共同体的爱）的敌视。与此相反的则是对
与反思相联系的东西的发现，即智性价值和精神价值，如诡计、
对自我的排他性关注，以及一个抽象的宇宙、一个无法企及的
独一无二的上帝的崇高。黑格尔说："他的上帝的根源是对世界
的蔑视。这就是为什么唯独他成了被崇拜者。"①也是因此，亚伯
拉罕的上帝本质上不同于家神和民族神。"一个家庭诚然能分割
神圣的唯一性，但它也为其他人留下了空间。它没有只把它自
己看作无限的；它依然赋予了其他神灵平等的权利。""相反，在
亚伯拉罕及其后裔的善妒的上帝中，则出现了他是唯一神的要
求，以及只有这个民族才有上帝。"②但是随着人与自然、人与
人、人与上帝的多重分离，出现了将形成合法主义的东西，那
就是对法律文字的奴性服从精神，这刻画了犹太教的特征。上
帝事实上只能在彼岸，伴随着这个分离，出现了支配和奴役的
关系，这是唯一可以设想的一种关系。人是奴隶，而他的上帝
是嫉妒的、可怕的上帝，上帝发号施令却不呈现在人的生命的
内在性中。摩西在孤独中思考着他的民族的解放，他向先人阐
述他的计划，但只是为了让他们接受它，他没有求助于他们对
压迫的共同憎恨或对欢乐和自由的憧憬。他通过外在的手段，

---

① Nohl, *Hegels theologische Jugendschriften*, p. 247. 黑格尔比赫尔德更加精确地描述
了在《圣经》中所揭示出来的犹太教精神。赫尔德只是强调了人类的幼年。

② Nohl, *Hegels theologische Jugendschriften*, p. 249.

"通过摩西让他们看到的、埃及的术士也同样能出色地实现的奇迹"①来发布外在的命令。

在对犹太民族精神的这个分析中，黑格尔从亚伯拉罕的故事追踪至罗马的统治，我们发现了一些深刻的评论，涉及那可称之为生命和理智之间的敌对关系，或用黑格尔自己的话来说，是生命和反思之间的敌对关系。这种全面的反思就是犹太民族的精神。生命已遭到破坏，在存在物之间，只有主人和奴隶的关系是可以设想的，因为无限已经从有限中分离出去。因此，生命不再内在于富有生机的事物之中，但无限是超越，它自身也成为一物，即分离的无限；诸环节已失去了它们的活力，即那通过爱而进入它们之中的无限，以便成为各种仅被归结为其有限性的事物。黑格尔说："犹太精神已经凝固了自然的样态和生命的关系，因为它把它们当作事物来看待，尽管如此，它并不耻于把这些事物当作主人的礼物来欲求。"②因此，生之欲望并没有消失，但通过反思，它已经丧失了它的美和优雅。它指向有限的事物，把它们作为有限事物来欲求，这个民族向它的上帝、主人请求，让它来保证他们对于这些的享受。

这就是犹太民族的命运：永远地和神、人分离地生活，以便通过反思将他们的理想投射在自身之外，并将它与生活分开。③　　59

我们将较少强调黑格尔就精神和命运所给出的第二个例子，

---

①　Nohl, *Hegels theologische Jugendschriften*, p. 249.

②　Nohl, *Hegels theologische Jugendschriften*, p. 230.

③　关于亚伯拉罕的上帝、亚伯拉罕的命运，以及这些概念在黑格尔辩证法中的意涵，参 notre article sur les "Travaux de Jeunesse de Hegel", *Revue de Métaphysique*, juillet-octobre 1935.

这是他在法兰克福期间研究耶稣的生平和基督教共同体的转型时提供的。耶稣开始通过爱使他的民族与生命相和解。问题不再是像在伯尔尼时期的《耶稣传》里那样，用康德意义上的道德来反对《旧约》的合法性。分裂太彻底了，而道德依然服从法律，"服从一个他在自身上树立起来的主人"①。耶稣的布道是通过爱对永恒生命的宣扬，是对所有领域内主人和奴隶关系的抑制。他试图拯救他的民族，但既然作为一个民族来拯救是不可能的，他就与法利赛人和民族的君主们发生了冲突，因此他就只向一个个的个体讲道："他拒绝拯救他的作为民族的民族，并认为上帝只对一个个的个体显现；他抛弃了他的民族的命运。"但由此基督教的精神就被显示出来，这也将是它的命运，即基督教精神与国家的分裂。"上帝的王国不属于这个世界"，"凯撒的事归凯撒，上帝的事归上帝"。这种分裂将深刻地标志现代世界的特征，并将它与古代世界区分开来。从黑格尔图宾根时期的作品起，正如我们已经指出的那样，黑格尔就把基督教即私人宗教，

60　　与民族宗教对立起来，而后者是他的理想。但基督教不可能是民族宗教。精神的事物从此以后就与世俗的事物相分离，而个体认识了自由，但这种自由是从各种世界形式的逃离。如果说在黑格尔的早期作品中他对于基督教的评判——他将苏格拉底的智慧与基督教的禁欲主义对立起来，或指出"我们的宗教想把人提升到天国公民的行列，因此，他们的目光总是被引向高处，

----

① 正如我们前面已经指出的那样，在伯尔尼时期，道德性和合法性的对立有助于黑格尔把基督和犹太教对立起来。而现在，康德的道德本身就接近于犹太精神。这种道德其实不是爱。它依赖于普遍与特殊、法律与人之不可还原的对立，这是一种外在于生命的对立。

结果他们对人的情感就变得陌生"①——是严厉的，那么现在他
又恢复了他的批评，但这种批评不是外于基督教本身的，而是
来自其奠基者的命运。在追溯基督教共同体的历史时，他得出
了这个必然的结论："这就是基督教的命运，教会和国家、对上
帝的服侍和生活、虔敬和美德、精神的劳作和世俗的劳作，不
再能够和合在一起。"黑格尔后来的整个哲学——它想要将自己
依托于基督教之上——都不得不解释他在图宾根做学生时不想
做的这种分离，以便通过在宗教中发现绝对精神的一种依然低
级的形式来尝试克服这个分离。只是对哲学来说，和解不再指
望一个不确定的未来的形式，而是呈现在世界精神的现实性中。
恕罪和救赎的理论只在基督教中才是对真实和解的预期反映。②

　　黑格尔深刻地思考了基督教的这种命运，并在基督的态度
中发现了其根源。"耶稣要么加入其民族的命运中去，但这样一
来他就不能完全地实现他那为爱而创造的本性；要么意识到他 *61*
的本性，但这样一来他就无法在世界中实现它。"③他也许能融入
他的民族，并试图去改造它，但这样一来他将不得不放弃那构
成了其真实本性的东西，他也许要接受一种外在于他和他的民
族的命运。耶稣更愿意拒绝这个命运而选择爱，因此，他在试
图拒绝整个命运时就已经承受了命运，因为这样一来，他就不

---

　　①　Nohl, *Hegels theologische Jugendschriften*, p. 27.

　　②　这是哲学应该思考的和解。关于基督教的盼望与哲学知识的关系，参 *La Phénoménologie de l'esprit*, traduction citée, tome II, pp. 289–290. "因此，它的和解处于它的核心，尽管它依然和意识分离，而它的现实性也依然是破碎的。"

　　③　Nohl, *Hegels theologische Jugendschriften*, pp. 328–329. "为了完全地通达他之作为爱的本性的意识，耶稣不得不放弃他对于爱的实际感受，放弃其事实的和现实的勃勃生气。这就是为什么他选择了他的本性和世界之间的分裂。"（p. 329）

得不使自己与世界分离:"谁爱他的父亲或母亲、儿子或女儿更甚于爱我,他就不配来追随我。"黑格尔在此所做的研究已经是他将来在《精神现象学》中对于优美灵魂所做的研究了。① 对命运亦即对任何客观的实在化的逃离,本身就是诸命运中最大的命运。因此,基督精神是犹太精神的对立面。"犹太精神已经把各种生命的样式、生命的关系固定在客观的实在中了,它不耻于欲求这些作为主人的礼物的实在。基督教精神同样在每一种活生生的关系中看到了客观的实在性,但由于它把这种关系视作爱的感情,所以客观性就是最大的敌人,这样一来,尽管它与犹太精神一样贫乏,但它轻视犹太人因此所服侍的财富。"②犹太人已经把整个生机勃勃的氛围化约为各种事物,它已经破坏了那把人和他的宇宙结合起来的美好纽带。基督徒也知道世俗事物的有限性特征,但他把无限放在心里,而当犹太人依然服侍世界时,基督徒则试图与世界分离,在其爱的单纯圣洁中寻找自由。"上帝的王国在你之中。"因而基督与他的民族分离(他了解这个民族的法利赛主义),与国家分离,然而他承认国家是另一种权力,一种世俗的权力。"他与整个命运分离",这恰恰就是他的命运,一个最为悲剧的命运。黑格尔通过利用希腊的悲剧概念来思考基督的生与死。

　　基督教无法逃开这种悲剧的世界观,因为在逃离生命的所有有限样式时,它就宣判自己是一种分离,因而承认了那属于他者的东西、陌异的东西,我们尤其在黑格尔的法兰克福末期

---

　　① 区别在于,黑格尔在《精神现象学》(tome II, p. 186)中对于优美灵魂的研究有一个更具批判性的特征。

　　② Nohl, *Hegels theologische Jugendschriften*, p. 330.

发现了这种悲剧观。这个泛悲剧主义已经被化约为一种特定的
逻辑形式。每一种选择都是一种排除，每一个特殊的肯定都是
一种命运，因为它在自身中包含了一种否定；甚至对任何特殊
性或任何命运的拒绝都依然是一种命运，因为它导致了最彻底
的分裂，导致了在世界实在与自由之间的分裂。但是，这个辩
证法同时是一种可能和解的辩证法，我们发现它已经在对优美
灵魂的描述中被展现出来了。通过重拾这种分析，我们将更好
地理解在这个时期黑格尔的泛悲剧主义的意义。

人介入世界中，并且对他的权利有深刻的感受；但是如果
他的权利没有被尊重，他就被迫要么为使这种权利被人承认而
去斗争，要么自我放弃并承受世界的暴力而无反应。在这两种
情况下，人都遭受了一种命运，并陷入一种矛盾之中。他要为
他的权利而斗争吗？这样一来，他就不承认他的权利是普遍的
了。他介入实在之中，甚至因此被卷入危险；他可能被击败；
更进一步，在他所卷入的战斗中，他承认了他所遭遇的他人的
权利。这种使诸个体相互对立、对诸民族来说则是战争的冲突，
是一种典型的悲剧冲突。这种冲突不是权利和非权利的冲突，
或像我们有时说的那样是激情和义务的冲突。① 它既使两种权
利，也使两种激情陷于对立。由此它就是人之实存的悲剧，是
诸民族历史的悲剧。但如果人放弃为伸张他的权利而战斗，如
果他自甘退让并被动地承受世界的暴力，那么在这个被动性本
身和权利的伸张之间也有一种矛盾。矛盾在应该得到尊重的权

① 这一点可参 La Phénoménologie de l'esprit, traduction citée, tome II, p. 31。在希腊
世界的悲剧中，就是人法即国家法（克瑞翁）和神法即家庭法（安提戈涅）的对立。

利概念和现实之间。放弃为他的权利而战斗就是从根本上不承认权利的现实。信仰权利而不去实现它，则是诸矛盾中最严重的矛盾。①

对于在法兰克福的黑格尔来说，优美灵魂、基督是勇气和被动性这两种态度的综合，是这种对立的真理。"这是一种超越权利的丧失和战斗之上的生动的、自由的提升。"从第一种态度即勇敢的态度中，优美灵魂保留下其活力部分。但它又退回到自身中，它把它的权利封藏在其灵魂的内在性中，并将它从世界的所有关系中抽离出来。"为了不看到那在一种陌生的权力之中属于它的东西，它就不再说那是属于它的。"②换言之，优美灵魂不是那种依然把它的权利置于世界诸物中，却又表明自己没有能力去坚持它的被动柔弱的意识。它依然是一种活跃而积极的意识，但它不愿去体察在其他地方的权利，除非是在灵魂的内在性中。因此，为了彻底地区分纯粹的和非纯粹的，它逃离了世界。③

64　　但是拒绝了整个命运（也就是说，完全地拒绝介入这个世界）的优美灵魂自身，却像我们已经看到的那样遭受了所有命运中最悲剧的命运。在这种分离中他发现了自己的命运，而且不能成功地与之和解。然而，基督——"他的无辜与最大的罪并不

①　黑格尔自己在此指出了这种从悲剧到矛盾、从泛悲剧主义到泛逻辑主义的过渡，这种过渡对黑格尔后来的哲学来说极其重要。Nohl, *Hegels theologische Jugendschriften*, note de la page 284.

②　Nohl, *Hegels theologische Jugendschriften*, p. 286, 为了使自己完全地被拯救，人因此要弃绝自身。

③　黑格尔认为，这个自觉的分裂造就了基督教的异常强大的生命力。基督说："我来不是要带来和平的。"

是不可兼容的"——在与世界(那世界对他来说已变得陌异了)的这种对立中认识到了他本己的命运，他通过爱——对命运的爱——来克服这种命运：通过爱来实现人与其命运的和解。这就是黑格尔将从基督教中离析出来的哲学真理，他以一种从想象中借来的形式表达了基督的救赎、他对死亡的胜利、罪的 aufhebung(扬弃)和宽恕、普遍性和特殊性的统一，正如《精神现象学》的辩证法将要展示的那样。①

① 尤其参 *La Phénoménologie de l'esprit*, traduction citée, tome II, p. 198。似乎是从《精神现象学》开始，黑格尔越来越多地从哲学(对于和解的实际思考)中去寻求他早期向民族宗教寻求的东西。

第四章 黑格尔的第一个法哲学

第一节 黑格尔的一般立场：
对独断论经验主义的批判[①]

经过了在伯尔尼和法兰克福的几年家庭教职生涯之后，黑格尔在 1801 至 1807 年成为耶拿的教授。他在那里建构了一个完整的哲学体系，我们非常幸运地拥有这个体系的课程笔记。荷夫麦斯特(J. Hoffmeister)在几年前已经以《实在哲学》(*Realphilosophie*)为题出版了黑格尔在耶拿的这些年里所建构起来的自然哲学和精神哲学，它直接先于《精神现象学》[②]。我们已经了解了他的第一个逻辑学和形而上学，据此我们能够逐年追随黑格尔哲学形成的整个过程。

我们在此关注的问题是更为有限的，我们感兴趣的只是黑格尔的精神哲学，尤其是他的政治哲学。他青年时期的理想，即民族精神和民族宗教的理想，在他致力于将原初的直观转移到反思层面的这些年中变成了什么呢？为了解决这个问题，我

们得借助他那篇发表在由他和谢林合作主编，以表达他们共同的哲学理想的期刊上的论自然法的文章，这是黑格尔的第一篇

---

① Cf. Rosenzweig, *Hegel und der Staat*; Vermeil, "La pensée politique de Hegel", *Revue de Métaphysique et de Morale*, juillet-septembre 1931.

② Publiées dans l'édition Lasson, Band XIX, Band XX.

法哲学。这篇文章——它与并非由黑格尔出版，仍未完稿的《伦理体系》(*System der Sittlichkeit*)处于同一时期——无论是就其原创性还是就其思想的深度来说，都是黑格尔所写的文章中最值得注意的作品之一。① 正是在这篇文章中，青年时期的理想第一次以一种反思的形式被表达出来，他关于权利的思考就体现在其全部的原创性之中。事实上，黑格尔第一次以一种无与伦比的明晰性和精确性，用他关于法的有机概念来反对 18 世纪的平等和普遍的自然法概念，后者在康德和费希特那里以一种无可比拟的哲学深度被表达出来。正如人们所指出的，这一带来各种结果的对立不仅仅是理论层面的，而且还是实践层面的。那个如此反对自然法的理性主义概念的历史法学派就几乎要宣称这个作品是一位先驱者的作品。② 无论如何，在(君主主义者或自由主义者的)各种自然法理论——它们支配了到那时为止的几乎所有政治思想家——和黑格尔所提出的关于法的有机概念(其渊源无疑能够追溯到浪漫主义运动)之间的断裂是如此明晰，所以在进入黑格尔所阐述的具体细节之前我们要先强调这一点。

　　世俗的自然法观念(人们也许会把它与基督教的法权观念联系起来)在 18 世纪是以两种主要的形式体现出来的。它或者用于缓和绝对主义的权力观念，使开明的专制君主成为国家的服务者，引导他意识到他对于其臣民的义务；或者通过呼吁臣民的权利，使国家本身建立在人民主权的基础之上。后者是一种个人主义的观念，它在英国通过与加尔文主义传统相联系而取

----

① 这两篇文章都收在拉松版的全集第七卷中的 *Schriften zur Politik und Rechtsphilosophie*。

② 但黑格尔后来反对这个学派。

得了胜利，在法国则为法国大革命做了准备，《人权和公民权宣言》可以说是其明示。它以一种在康德和费希特的学说中的哲学个人主义的形式传到了德意志。[①] 因此，这是一种为自然法学说奠立基础的道德先验主义。普遍理性对每一个人来说都是相同的，个人的权利是绝对的权利，整个法权理论应该在这个基础上建立起来。只有个人间的共存才使某种限制变得合理，以便使人尊重所有人的个体自由。国家因此不具有任何神意的使命，它之存在只是为了保障其成员的自由，国家因此是为了组成它的那些个体而建立的，同时它也是他们的作品。由此就引出了作为个体能力发展之公仆的民主国家的观念。

针对这种理性的、普遍的、平等主义的法权观，针对这种人道主义，黑格尔将要立足于浪漫主义的概念之上，以一种调和了康德和费希特的道德先验主义与历史的实定现实（我们已经阐明了在黑格尔早期著作中的实定性概念的含义）的有机法权观来反对之。他的思想源头可追溯到浪漫主义的生命观，我们在其法兰克福时期就已经看到这一观念的重要性了。但是就像荷尔德林一样，黑格尔也将到希腊去寻找他的先驱，这种希腊主义同样也会属于尼采，它萦绕在19世纪的德国思想中。黑格尔从柏拉图和亚里士多德那里探寻一种有机国家的观念，一种整体对于部分的自然在先性观念和整体在部分中的内在性观念。与18世纪的理性主义概念的第一次断裂出现在绝对的道德存在

---

① 关于费希特本人有很多可说的东西。《对德意志民族的演讲》（*Discours à la na-tion allemande*）和《封闭的商业国》（*Etat commercial fermé*）的作者在这一点上是比较复杂的，但我们在此只在黑格尔为他描述的那种形态下来考虑他的思想。

于且只能存在于民族（nation）中这样一个观念上。① 上帝的创造能力只有通过诸民族的精英、通过各种原创性的文明（不能把这些文明中的其中一个归结为另一个，它们是相继出现在历史中的）才能显现出来。这样一来，单一而普遍的法分裂了。自此以后，法就只是一种特定的有机整体的表达。永恒法也不再是一种与历史的诸具体民族相对立的抽象的先天性，它使自己进入了各种偶然的现实场之中。我们已经公允地说过，平等主义的和普遍的自然法观念在西方思想中是与一种机械主义的和数学式的科学观念联系在一起的；这是与激发了浪漫主义和黑格尔的有机法权概念的生命观、有机组织观相反的。一种不可穷尽的创造性活动处于存在的本源中，它无休止地产生又吞噬绝对生命的各种不同的具身显现，每一次的现实化都产生了一个民族。法只是表达了实存于这些伦理整体中的活生生的现实化而已。问题不再是实现一种抽象的平等主义，而是要去思考部分与整体、成员与全体之间的关系，这种关系不是一种机械的关系、一种抽象依附的关系，而像是一种和谐。优美整体（schöne Totalität）的观念是黑格尔的国家概念的模型，它被用来反对功利主义的或个人主义的国家观念。

我们当然也注意到，黑格尔并不因此就放弃一种特定的普遍主义，比如说他在莱辛那里发现的人道主义观念。按照布吕内蒂埃（Brunetière）的深刻表达，黑格尔是以构造的普遍主义取代了抽象的普遍主义，他拒绝了一种作为纯粹的历史相对主义

---

① 绝对的伦理整体不是别的，只是民族，éd. Lasson VII, p. 371。

的经验主义，而后来的历史学家却通常倾向于这样一种经验主义。每一个民族都以它自己的方式表达了人性和普遍性，就像莱布尼茨的单子各自以其特殊的方式映现了整个宇宙一样，我们也应该在每一个民族中发现一种绝对法的有机实现。在黑格尔的哲学中，本质和显现（现象，Erscheinung）并不是彼此分立的①，本质的本质就是显现，而显现的本质就是显现本质。在一个中把握另一个，在生命形式的多样性中把握绝对，作为全体的生命体现在它的每一个体中，这就是这种哲学的目的，而莱布尼茨在某种程度上可以看作其先驱。

一种活的机体和谐地调节着人际间的关系，使国家成为一个真正的整体，这是一种将要支配 19 世纪的深刻观念，我们会在那些把批判时期与历史的有机组织时期对立起来的法国哲学家的众多不同的标题中重新发现它，他们在革命后寻找一种新的国家建构理论。② 我们将要研究的黑格尔的法理论，其另一个结果在涉及其进步论时体现出来了。启蒙运动展望了一种单方面的进步，一种向着始终与自身同一的人性统一的发展，但它还是受到各种童年偏见的羁绊。但是这种观念对于像赫尔德和黑格尔这样的理论家来说就不再一样了，他们分裂了神圣的独一性，在诸民族中看到了不同的实现，但始终是对绝对生命的表达。"一种多元主义的泛神论已经接替了西方的理性主义一元论"，我们甚至能说，在黑格尔的历史哲学的雏形中，他所思考的与其说是一种连续的进步，不如说是不同的发展，是各种实

---

① 参黑格尔《逻辑学》（*La Logique*）中的"显现"一节，éd. Lasson, Band IV, p. 12。
② 圣西门主义、奥古斯特·孔德。但在孔德那里，人性的概念已极其不同于在黑格尔那里的意思。在黑格尔的思想和孔德的思想之间进行比较将是极有帮助的。

现的接替。这些不同的实现就其类别而言就像古代的悲剧和莎
士比亚的戏剧一样是不可比较的。① 尽管如此，历史演化的观念
还是在黑格尔的世界图景中占据越来越重要的位置，这几乎是
对启蒙运动的进步观与他后来才在其历史哲学中予以阐述的绝
对者之表达的多样性观念的一种综合。观念的进步事实上已经
取代了生命。

　　论自然法的文章和《伦理体系》是彼此互补的，前者旨在展
示一种提出自然法问题的新方式，后者则是依据如此被提出的
方法对这个问题的一种解决尝试。《伦理体系》就像柏拉图的《理
想国》那样，是伦理生活的概念，它从黑格尔认为的抽象的低级
形式（如个人的欲望、财产、劳动和家庭等形式）出发，直至将
前述低级形式整合在伦理整体中的高级形式里，在这个整体中
这些低级形式才真正获得了其意义。黑格尔后来称作主观精神
的东西，即心理学、现象学，在此被看作伦理生活的一个预备性
环节，以至绝对精神在这里是以政治和社会共同体的形式被呈
现出来的。宗教和艺术——它们应该是更后来才上升到世界历
史之上，并成为在客观精神之上的绝对精神——还处于遗迹的
状态中；它们本身只构成作为一个民族的伦理生活这种总体的
部分。宗教在这里是民族的宗教，再没有什么比民族更高的东
西了，除非它已经不再属于诸民族的历史之列了。

　　关于自然法的文章（这种自然法也许可以被看作费希特《自
然法权基础》一书中的共和政体）因此建立了这种新的法概念，

71

———————

　　① 对于哲学的历史来说也是一样。在设想观念的一种辩证进步之前，黑格尔一开
始就在每一种特殊的哲学中看到理性的一种独特显现，看到关于绝对的一种特殊思想。
这一点参看他对于《费希特与谢林哲学体系的差别》的研究。

在它看来法是一个有机的整体。不存在能超越这种伦理机体的普遍法。黑格尔必须用他的方法来反对前人的方法，并相对于两条可能的道路——经验主义道路和他称为绝对反思方法的抽象理性主义道路——采取立场。一方面，有人们在 17 和 18 世纪的哲学家如霍布斯、斯宾诺莎、洛克等人那里发现的自然法；另一方面，有康德和费希特的道德观念论。论自然法的文章的前两部分致力于评价这两种不同的概念①，黑格尔采用他一贯的做法，公平地看待这两者，他分析它们，以便能够超越它们，并把它们整合进他自己的观点中。文章的第三部分致力于黑格尔的道德哲学的原创精神，并以对悲剧和喜剧的深刻评论、它们对人类生活和历史哲学的意义而结束。② 在文章的最后部分，黑格尔指出了在自然法理论与人们所谓的实定法权之间，在他关于伦理整体的一般性概念与历史之间的关系。③ 我们的哲学家所利用的大多数比较是从生活领域借来的。无疑，生命的观念已经在黑格尔法兰克福时期的思考中扮演了主要角色，但我们可以说，黑格尔在耶拿刚开始吸收的谢林的自然哲学更强化了这种趋势。黑格尔还没有完全把他的思想转化为一种适合他的语言，一种精神的语言。尽管他已经在这篇文章中肯定了"精神远远高于自然"，因为自然对精神来说只是观念，而唯有精神才能够自我反思，但在大多数观点上，他看起来仍然还是谢林的门徒。

---

① 拉松版第七卷第一部分第 334 页到 346 页，论经验主义。第二部分第 346 页到 371 页，论康德和费希特的道德观念论。

② 第三部分第 371 页到 396 页。我们的分析遵循黑格尔在这部作品中的思想发展本身。

③ 第 397 页到 416 页。

谢林的哲学尤其是他的自然哲学，调和了经验领域和先验领域。康德哲学彻底割裂了形式和内容、概念和直观(尽管他有"概念无直观则空，直观无概念则盲"的著名断言)，而谢林的自然哲学则试图阐述一种思辨的物理学，它不仅想要离析自然知识的先验条件，以成为一种知识的知识，还想要达到知识的内容本身，即那对批判哲学来说构成了思想所不可抵达的经验领域的东西。自然哲学既是一种先验论又是一种绝对的经验论，这是一种绝对的实在论。然而这种绝对的实在论并不对立于观念论。自然是理念，它是概念的实现；在自然中，精神发现自己被实现了。黑格尔现在把谢林对物理自然所做的一切用到了道德世界、风尚、社会生活和历史中了。同样，在这个领域，　*73*
问题不再在于根据反思的固有方式，把一种不可还原的材料、一种"经验"与一种仍然形式化的纯粹思维对立起来；相反，应该要像谢林对自然所做的那样能够调和后天与先天、经验直观与概念。精神应该能够在这个作为精神的自然、作为民族生活的第二自然中发现自己。理解不是反思和分裂，而是深入我们所研究的对象，应该返回到理智(intuslegere)一词的原始意义上去。黑格尔后来在《精神现象学》的"序言"中如此描述说："科学认识要求人们把自己交付给对象的生命，或者(这意味的是同一回事)要求人们呈现并表达这个对象的内在必然性。这样，通过深入地沉浸于它的对象中，科学认识就遗忘了这种流于表面的综观，后者只是那种脱离了内容而退回到自身的知识的反思。"①这种理智方法严格说来正是黑格尔的方法，它想要使进行

---

① *La Phénoménologie de l'esprit*, traduction citée, tome I, p. 47.

规定和抽离的概念思维与直观的要求相调和。

这就是为什么在其自然法研究的一开始，黑格尔就承认了经验主义的合理性和价值。该受谴责的不是纯粹的经验主义，那种也许是行动之人的经验主义（他把握了整体，但不能以一种融贯的形式把它表述出来）；而是混杂了反思的经验主义，它既不是完全的经验主义，也不是思想在其自身中的绝对反思。在深刻的经验主义中，直观对整体的内在感知当然存在着，"是理性的笨拙不能把这种纯粹的直观转化为理想的形式"①。它被呈现为一种直观，但理性表明自己不能"把它作为理念来阐述"。很有可能，黑格尔在此想到了那些伟大的行动者，那些政治精英，他们表面上以一种不一贯的方式行事，实际上却具有其内在的逻辑。与此相反，那种标榜为科学的独断论的经验主义建造起了各种可谓融贯一致的理论，但在这样做时，它却否定了"内在的直觉"。这种独断论的经验主义实际上是由什么构成的呢？这是一种抽象的方法，它不知道整体的内容，而只是分离了整体的某些方面，随后却又表明自己不能把它们重新组织起来。人们因此就发现自己面对着许多由知性所固定下来的规定性。整体的原初统一被打碎了，留下的只是些碎片。比如说，考虑一下家庭这个伦理整体，人们想要去表达它的本质吗？他们只限于离析某些规定性，如婴儿的生育、财产共同体等等。他们试图把这个整体归结为这些规定性中的某一种，并把这一规定性看作本质或作为家庭的法规。② 人们还想要规定那种存在

① Ed. Lasson, Band VII, p. 343.
② Ed. Lasson, Band VII, p. 335.

于犯罪与惩罚之间的如此深刻的联系吗？他们试图通过那只构成一个不完整的侧面的东西，如罪犯的改过自新、清除害群之马、惩罚对其他人的警示等等来界定惩罚。① 这些不同的规定一旦被分离出来并就其自身被提出来，通常就是相互矛盾的，以至独断论的经验主义只能构筑各种理论。在这些理论中，必须消除那些与其出发点不符的方面，任意选择其中的某一方面，并力图把其他方面归并到它之下。这样建造起来的理论总体而言是融贯的；它像一系列完美彼此联系的命题那样能够顺贯起来，但这是以牺牲现实为代价的。因此，在纯粹经验主义和这些理论之间就存在着始终常新的冲突。纯粹经验主义因忠实于一种它不能成功地予以阐述的直观，相较于这种独断论的经验主义（它已经固化为诸规定，并赋予它们概念的不变性）来说，就外在地表明自己是不融贯的。"我们以其诸命题的非真理性来指责科学的经验主义，因为它基于形式的统一性（在其中它改变了诸规定）而赋予诸规定以概念的否定绝对性。它把这些命题设为绝对的，由此它甚至展示了这些被采用的规定对其他被否定的规定的一种支配权。"②但正是在这种理论的融贯步骤中，"作为内在整体的直观被否定了"。相反，正是由于相对于这些规定的不一致，纯粹经验主义才"消除了因此施加于直观的暴力，因为不一致直接就否定了先前赋予某种规定的绝对性"③。

75

---

① Ed. Lasson, Band VII, pp. 335, 345.

② Ed. Lasson, Band VII, p. 342. 换言之，独断论的经验主义恰恰是被人们贬义地称作一种抽象理论的东西；它从现实中抽离出一种特殊的规定并打算只通过这种规定来解释一切。

③ Ed. Lasson, Band VII, p. 346.

黑格尔在此分析的正是在实践与理论之间的著名对立。他已经指出，这种对立源于这样一个事实：实践没有能力通过理性来表达自己，而理论又是不完整的，它还不够理论。所有被知性固定下来的经验规定从根本上说都是相互矛盾的，但经验主义思想却试图避开这种矛盾。然而，这种矛盾为它重现了生活，并使它能用一种真实的但也利用了矛盾作为其内在动力的辩证法来取代一种虽融贯一致，但是不真实的和形式的理论。

我们已经相当强调了这种独断论的经验主义，其错误就在于它以一种自满的方式反思经验材料，并且还总是要这样反思它们。黑格尔提供了在 17 和 18 世纪建构起来的关于这种抽象理论的两个例子，即自然状态理论和人性观理论。① 在这两个例子中，人们都诉诸一个被认为代表了原始统一性的武断的出发点。在第一个例子中，人们像谈论原始混沌的物理学家那样行事，他杜撰了一种想象，一种人在其中被看作彼此独立的状态。在第二个例子中，他以一种抽象的可能性，一个官能整体(un en-semble de facultés，他想要由此出发重建其现实状态)来反对人在其历史显现中的实际现实。无论如何，他割裂了风尚、历史、文化、社会生活和国家(它们被看作各种多多少少具有偶然性的人类生活形式)。他把这些形式与这种自然状态或这种抽象人性相对立，但实际上，只有通过人在其历史中的发展才能认识人的自然本性。"对这种先天来说，除了后天之外，别无其他规定性原则。"② 正如物理学家为了说明物体的具体属性，被引导着把

① 我们前面在谈到实定性观念时已经指出了黑格尔对"人的本性"这个概念的态度。

② Hegel, éd. Lasson, VII, p. 339.

越来越多的属性归到原子身上；同样，关于自然状态的理论家也应该在这个状态中引入为解释社会状态所需要的一切，比如说，人的一种"社会化倾向"。但尽管这些借助自然状态或人性论的解释说到底仍是形式的和空洞的，它们还是导致了在原始的统一（被设想为自然状态或人的本性）与最后的统一（被看作社会状态或人的历史实在性）之间的严重对立。这后一种统一只不过就是国家和它的历史形式，但它只能来自一种人为造作的解释。黑格尔说，国家、君主看起来像是外在地补充到自然状态中去的："人们在社会和国家的名义下设定了一种无形式的和谐和一种外在的统一——整体（与所谓的原始状态相比）看起来就像某种异在的和陌生的东西一样。"①总之，国家是与自然对立的，然而，黑格尔恰恰想要超越这种对立，他指出在社会整体中有一个真正精神性的机体，它实现了自然的特殊性与精神的普遍性的和解。②

　　但是，黑格尔的批判不仅仅针对这种科学的经验主义（它孤立了各种规定性，并总是或多或少地导向自然状态与国家之间的对立）；还尤其针对康德和费希特的观念论（这种观念论通过把反思推到极限，而成功地使普遍性从所有的经验规定中分离出来）。诚然，这种观念论设想了经验主义因其总是混淆反思和经验的要素而没能成功地把握的绝对者，但它只能在与经验主义、实定性的对立中把这个绝对者设想为一个纯粹否定的绝对者。由此而达到的自由就只是纯粹反思的自由，除了通过对任

---

　　① Hegel, éd. Lasson, VII, p. 342.
　　② "道德、伦理秩序的绝对观念则相反地包含了自然状态与君主之间的同一性。" Hegel, éd. Lasson, VII, p. 342.

何规定的否定外，它不能通过任何其他方式来实现自己。

第二节　对康德与费希特的观念论实践哲学的批判

78　　黑格尔想把精神生活、伦理生活看作一个民族的生活，在此，最好是从字面意思上来把握"精神生活"这个表述。我们已经强调了生命这个观念的重要性和黑格尔在耶拿时期建立起来的在生命和无限之间的等价性。"简单性遍布于外在的杂多性之中，这一点对于知性来说是一种神秘"；然而正是整体与其各部分之间的这种不可分割性，这种一在多之中的活生生的内在性构成了无限。生命的概念与无限的概念是等值的。在耶拿时期的《逻辑学》中，黑格尔把无限看作一和多的辩证关系，但我们能在这种辩证逻辑中重新发现生命观念本身。反过来，生命就是这种辩证法本身，正是生命限制了精神去辩证地思考。①

　　在开始接触康德和费希特的哲学并用它们来反对他刚刚研究过的经验主义哲学时，黑格尔强调的正是无限性或绝对者的概念。他说："无限是运动和变化的原则。"②事实上，任何规定，正因它是有限的，所以是矛盾的。"规定之为规定，除了这种不能成其所是的绝对的不安之外，再没有其他本质。"③换言

---

① J. Hyppolite, "Vie et prise de conscience de la vie dans la philosophie hégélienne d'Iéna", *Revue de Métaphysique et de morale*, 1937.

② 黑格尔从对无限概念的研究出发开始他的论述，éd. Lasson, VII, p. 347。他呈现了"无限及其各种变形"的本质，并以他的关于无限的辩证法概念来反对前人的概念。

③ 黑格尔在耶拿发展起来的第一个逻辑学其实就是一个关于无限性的逻辑学。*Jenenser Logik*, éd. Lasson, p. 31. 把一种有限的规定把握为无限，就是在其为超越自身的不安中，在其"成为不同于自身者"的努力中去把握它。反思哲学的错误在于在有限性之外去设定无限，在此则是指那种在具现了无限性的具体民族之外去设定无限的道德观念。

之，无限性是有限者的灵魂，它是其生成及其生命的原则。然而，浪漫主义者、谢林，还有这里的黑格尔的目的正是要在有限者中思考无限者，在多样性中思考统一性，在其显现中思考绝对者。

康德和费希特的观念论哲学的重要性在于，它们已经提出了这种同一性，但它们的基本缺陷在于没有成功地实现同一性，除了在一种实践的要求中之外。从实践理性的至上性出发重新思考整个康德哲学的费希特，诚然已经清楚地看到了理智直观就是自我与其自身的同一性，它的绝对而无限的统一，但他将这种统一从经验的多样性、从实定性（用黑格尔先前的话来说）中分离出来。这样一来，他的统一性就只是一种应该存在的理想、一种应然，这种理想恰恰对立于实际存在者，对立于一和多、无限者和有限者的分离。用更具体的话来说："世界是它所不应该是的东西，以便我们能够把它改造成为它应该是的那样。"只是这种要求从来就没有实现，也没有在场。无限者并不在有限者中被发现，它与有限者对立，只是对后者的否定。在康德哲学中，现象同样始终只是现象，是经验的有限性，纯粹理性的批判拒绝了我们拥有把这种现象看作绝对者的权利，但它也同样捍卫了我们不论以何种方式实现绝对者的权利。费希特无疑把思维和意志的主体改造成了本体自我，但他同时也把这个本体自我对立于经验自我；正是这种对立被实践自我看作决定性的。我们可以通过这种非常图式化的概括看到黑格尔在此描述的两种态度：经验论和抽象的观念论。在前者中，精神抽离出各种有限的规定性，而只得出许多实定的规律和特殊的原则。它依附于实定性本身，而不能理解其中的生命，因为它所思考的那些规定性是固定的和孤立的。①让我们想象一下历史学家、社会学家甚至是理论家的做法，他们从社会经验中提取各种实证事实，多少有些任意地把它们堆积在一起，而不把它们与思维和意愿的主体等同起来。这些事实或这些规定看起来始终是外在于自我的，以致人们最终只能达到一种经验的必然性，而不是一种自由的哲学。相反，"康德和费希特哲学的重要性就在于把权利和义务的本质与思维和意愿的主体的本质是绝对同一的这一原则看作出发点"②。据此，这些哲学就理所当然地是自由的哲学。自然法因此就意味着理性法，这些哲学也就名正言顺地成了所谓的观念论哲学；它们试图从绝对自由的主体的本质中推导出权利和义务的法则。康德的自律、费希特的实践自我都表达了这些学说的最高层次的环节。然而黑格尔仍批评了这种观念论，就像他批评早先的经验论一样；他在这种观念论哲学中只看到了一种反思哲学，这种反思哲学不能克服固属于反思的那种对立，因此，它就只能达到一种形式化的同一或关于自由的一个否定概念。

在阅读黑格尔时，人们通常认为，黑格尔只是一个玩弄概念和词藻的抽象哲学家，然而，完全不是这么一回事。我们现在就要证明黑格尔据以描述我们刚才谈到的那些哲学的反思概念的含义。为了恰如其分地理解它，看来我们应该从反思这个词的日常含义出发。反思是处于其自发性中的生命的一种中断。

---

① 此外，这对黑格尔来说始终就是实证科学（当它与哲学分离时）。关于这一点，参《论自然法》一文的末尾第397页及以下诸页。

② Ed. Lasson, VII, p. 361.

哈姆雷特反思而不行动，行动对他来说几乎是不可能的。在反思中，我们通过一种主体向其自身的返回而区分了那在生命发展中被统一起来的东西和那直接偶然性的东西。此外，我们注意到，只有当我们设定在这一时刻或那一时刻实现了自我和自我的这种融合时，行动才是可能的。黑格尔说，在任何一个真正的道德行动中，都有某种必然的直接性。在黑格尔青年时期的作品中，我们已经分析了亚伯拉罕的反思，它是一种与他早年生活氛围的分离。① 但在反思哲学中，在康德的批判观念论或在费希特的道德观念论中，同一种活动是以系统的方式被执行的，反思固有的对立不再被扬弃。反思不再只是一个环节(黑格尔并没有质疑这个环节，更没有质疑其必要性)，而成了本质的观点。正是因此，这些哲学家合理地由它出发的自由观念，在他们的体系中就只是一种理想，并不作为事实存在；或者说，它只是对有限规定，对它始终弃置在它之外、作为有待被否定的实定性的一种否定。但是这种"在它之外"，这种外在性恰恰是与自由相矛盾的。对自由来说，不存在绝对的外在性。

我们可以更简单地说，这些反思哲学割裂了有限与无限，并使它们的统一变得不可想象。如果说独断论的经验论由于掺杂了一种不彻底的反思和一种不完整的经验主义而仍然只是一种"混合产物"，那么我们刚刚思考过的那些观念论体系则是二元论。但这些二元论不是用一种规定来反对另一种规定，比如

---

① 在谈到苦恼意识和犹太民族的命运时，我们已经明确地指出了黑格尔赋予这种反思——借助这种反思，人放弃了生命的直接统一性——的实存含义。黑格尔在耶拿时期的《信仰与知识》("Foi et Savoir")一文中研究的康德、费希特和雅各比的反思哲学只不过是关于这种分离的哲学。

82　说用财产权的概念来反对财产公有的概念，而是用不纯粹性来反对纯粹性，用规定性来反对绝对的无规定性或抽象的无限性。这就是为什么黑格尔说它们只具有教化史上的重要性。只有通过对这样一种反思的反思，我们才能超越反思，意识到这种无限自由的抽象的和纯粹否定的特性，并由此回到一种作为生命本身（即无限者在有限者中的在场）的辩证的统一性，而不是经验主义的任意的混合物。

　　在共同的生活中，我们通常能观察到一种在感性和理性之间的对立。康德和费希特的观念论哲学可以说是通过固定两个极端而把这种对立提升到了绝对者的地位。一方面，有一个自然——我们的自然，它由我们在我们自身中发现的各种不同的倾向和憧憬构成，因为我们是一种世界的存在；另一方面，有纯粹的理性，无限统一体的环节，而自由就在于限制和驾驭在我们之中的自然。尽管这样做出的经验观察符合真实的经验，却没有表达出伦理的整体。黑格尔说："在此，问题不在于拒绝这种观点，它对应着一种在有限者中的无限者存在的相对同一性（也就是说，对应着一种差异）。"①然而，重要的是要指出，这种观点只是局部的，在两个环节的相对同一性（或差异性）的旁边，我们也发现了它们的被实现的统一性，正是这种统一性应该呈现伦理的体系。换言之，这些反思哲学家可以说仍处在不道德的环节上，因此也处在其自由的否定特征上，这种自由表达了超越这一环节的要求，但这是一个注定没有现实性的要求。

———————

　　①　Ed. Lasson, VII, p. 351. "对这种作为相对同一性的伦理本性的表象的通俗表达就是被视作感性、欲求能力的实在（多样性的环节）与理性（统一性的环节）之间的对立。相对同一性因此就是它们的非重合性和它们在一种应然存在中合一的要求。"

而黑格尔则相反地希望通过思考伦理生活的全体、它的组织构　83
造，来超越这一对立的环节，并为我们指明一个既在它的无限
性中又在它的现实性中的伦理世界，就像一个使精神具身化了
的自然，一种变得客观的精神一样。① 然而，这种对立并没有消
失，以至统一成了一种静态的、没有生命的统一。它将促成诸
民族和诸伦理世界的发展，促成世界精神的历史。

　　由于仍处在抽象的对立中，康德和费希特的观念论哲学与
此同时就注定是一种个体主义的哲学，因为理性和自然相对立
的观点主要是孤立的个人的观点。相反，获得实现的统一体的
观点则是一种超越了个体本身的观点。在黑格尔看来，它只能
在这种伦理的整体，即一个囊括了其生活之全体的民族中才被
提供出来。"正是在一个自由的民族中理性才获得了实现。"②

　　以其一贯具有的精确性和细节的丰富性，黑格尔通过他所
研究的两个例子使他对康德和费希特的批判更加精确。一方面，
他分析了康德道德中的抽象普遍性，以便指出其空洞性；另一
方面，他又分析了费希特的法权体系以便揭示其内在的矛盾。
这两个例子都是特别有趣的，前者有趣是因为它是一种对抽象
普遍性的批判，这种批判的源头可以追溯到黑格尔对实定性观
念的分析；后者有趣是因为它有助于我们理解黑格尔的政治现
实主义的观点，以及它与实在国家的对立，这同时也是理性在
"宪制的制定者"所能设计的"乌托邦国家"中的实现。

------

　　① 　这涉及黑格尔后来将称之为"客观精神"的思想。
　　② 　"我直观到他们为我，我为他们。因此，在一个自由的民族中，理性是被有效
地实现了的真理：它是活的理性的在场。"*La Phénoménologie de l'esprit*, traduction citée,
tome I, p. 292.

84   我们已经看到，黑格尔指责了如此贫乏、如此缺少规定性的"人性"观念。但是，康德的普遍性还要更为贫乏：它取消了任何具体的或已经部分抽象化的规定，只允许一种同义反复的、形式的同一性被保留下来。因此，它也注定不能理解有一种意识的成长，有各种或多或少被精神构造的物体，有各种完满性程度不等的普遍性表象。① 它诚然达到了普遍性，但代价是所有现实性的丧失。康德所谈到的"纯粹意志"确实是纯粹的，但它也是绝对无规定的，我们不能从它那里抽引出任何东西。诚然，康德宣称要赋予它内容，但在黑格尔看来那里存在的只是一种谬误推理——"人们应该能够把行动的准则树立为普遍法则"，但是黑格尔说，普遍性在此是纯粹形式的。它可以同样有效地适用于一种规定和另一种与它相反的规定；道德原则因此也同样是不道德的原则。如果理性表明自己不能通过这种道德原则证成任何一种规定，进而证成任何一种行动，那么，"这仅仅是理性的一种笨拙，一种无能"②。

　　让我们来实际考察一下康德的那个例子。人们托付给我一件保管物，我想知道我是否应该归还它（而在我提出这个问题的当口，在我反思我的行动的直接当下，我就已经踏上非道德性的路途了）。如果我不归还它，我就完全破坏了保管物的观念，或以一种更一般的方式来表达——我破坏了财产的观念。财产

---

　　① 对康德来说，实际上既有普遍性，也有特殊性，这两者间的每一种可能的综合，对黑格尔的精神来说就是现象的综合，有各种或多或少地被精神建构起来的对象，它们程度不一地具现了普遍性的特征。

　　② Ed. Lasson, VII, p. 354. 关于这种成了不道德的辩证法的道德立场，亦参 *La Phénoménologie de l'esprit*, traduction citée, tome II, pp. 176 sqq。

的规定提供给我的事实上是如下这种同义反复："财产就是财产，他人的财产就是他人的财产。"但是，黑格尔询问道：如果根本就没有财产，那还会有什么矛盾存在呢？我们可以同样恰当地说："非财产就是非财产。"如果人们现在想要知道财产是否应该存在，那就不应该停留在对财产的这种抽象规定上。财产只在历史的和人类的整体中才有其意义。康德的错误因此是双重的：他像经验主义一样把某种规定性（这里指的是财产）与它所属的整体，与提供给它意义的背景割裂开来；他赋予这种规定以一种适合于一切事物的形式，并因此使一切都合理化了。由此，康德错误地相信他在义务的形式中发现了它的内容。事实上，与一切规定相对立的纯粹意志的观念、一种作为实定性被给予的形式主义——从无限性的本质（即总是要成为其自身的对立面）来看，这种形式主义只是对任何肯定性的一种绝对否定——仍只是使我们停留在康德的体系中。此外，康德的失败并不是他的时代在追求一种对所有时间和所有地点都有效的普遍立法的失败。[①]在这样追求的时候，这个时代误解了精神的真实观念，这种精神总是具体的、活生生的，总是处于生成中，而又没有失去其无限性。而黑格尔打算思考的正是这种精神。[②]康德的哲学不认识精神，它认识的只是精神之无限性的抽象特征。

　　第二个是费希特法权体系中的例子，黑格尔把它当作这种

---

　　① 甚至在黑格尔的先驱温克尔曼和赫尔德那里，有机论还与启蒙的概念联系在一起：应该从历史中剥离出各种普遍性的规范，一种美的标准或一种关于人性的永恒典范。

　　② 黑格尔在耶拿时就已经说过，精神是"自我发现的东西"，因此它自我消散在外在性中以便自我孕育，自我外化进而自我拯救。

观念论所能达到的最彻底的情形加以引用。在这里，对立（如我
们所知，它是这个体系的最终观点）显现为合法性与道德性、一
种法权理论与一种道德理论（Naturrecht［自然法］和 Sittenlehre
［道德学］）的对立。费希特从思维和意愿主体的同一性、义务原
则和权利原则的同一性这些表达了自由观念本身的基本论题出
发，但正如这些反思哲学的命运是固化了一种对立而不能超越
它那样，费希特的哲学也应该看到具体主体和这种普遍原则的
非同一性。用更普通的方式来表达，我们可以赞同费希特说的
"信任和忠诚都失去了"。人们不再直接依据权利和义务的原则
行动，结果是，在普遍意志（卢梭的公意）和个体意志之间出现
了一种分离。这种分离导致了一个具有强制体系的有机组织，
它体现在法权世界和费希特的国家理论中，甚至进一步发展为
黑格尔所嘲讽的那种警察国家的组织。① 与这种强制产生的平等
相对立，费希特构想了一种道德，它体现了思维主体与普遍法
的同一性。但这种同一性是完全相对的，因为它对立于合法性。
合法性与道德性之间的分离——一个是完全外在的，另一个则
是完全内在的——导致了一种二元论，其中的两项是不可和解
的，尽管它们彼此只有借助对方才有意义。②

　　黑格尔还想在他自己的法权体系中超越这种对立。外在性
（合法性）和内在性（道德性）在一个民族的具体生活中和解了，

---

① 黑格尔指责费希特的自由主义实际上导向了这样一个国家，在那里，警察的理
想就在于知道每个公民在每天的每时每刻都干了什么。参黑格尔的《费希特与谢林哲学
体系的差别》。

② 这是一种深刻的思想，因为在如此明确地将合法性与道德性区分开来之后，人
们就将真实的社会生活与内在的道德性对立起来，以至不再能调和它们。

精神的本真科学毋宁说就是这种客观法的科学，而费希特称之
为道德的东西只不过是个体的局部的和否定的观点。个体的道
德只是表达了个体相对于一个民族的伦理世界、风尚世界（在这
里，道德性与合法性完全融为一体）的较为次要的观点。

　　我们已经说过，黑格尔在这里所举的例子是令人瞩目的，
因为它有助于我们理解他的政治现实主义。其实在研究费希特
的法权体系时，他就被引导着去提出各种切中肯綮的具体批判。
在这个体系中，人与人之间的信任丧失了，问题就在于（按照一
个著名的说法）强迫个体成为自由的①，并由此去实现公意，不
管会碰到他们何种可能的抵制。但正是在这里产生了困难。公
意应该显现成形，然而这种公意的任何具身显现都是虚假的。
既然费希特是从公意与私意的分离出发的，我们就不能清楚地
看到它们如何能结合在一个整体中。他建构了一种应该体现这
种公意之实现的政制，但它实际上只能是一个不适用的体系。
执政者并不必然地体现公意，而被治者则更加不能，因此必须
使一方限制另一方。这是一个平衡的问题。然而我们看到，在
发展这种机制时，只存在一种永恒的运动，即在国家金字塔的
底层对顶层和顶层对底层的相互作用。但是这种 perpetuum mo-
bile（永恒运动）最终说来只是一种 perpetuum quietum（永恒寂
静）。② 在国家中，行动就变得不可能，因为它将打破平衡，即
使是费希特所颂扬的监察官制度也不能解决这个问题。但无论
如何，行动是必然的，它打破了乌托邦国家的任意建构。黑格

88

---

　　① 　参卢梭《社会契约论》。

　　② 　Hegel, *Article sur le droit naturel*, éd. Lasson, VII, pp. 364–365. 在那里，黑格尔对
费希特所呈现的那种平衡体系进行了嘲讽（有时有点严肃）。

尔说，我们不是在邻国看到了一个最近的例子吗？他想到的当然是拿破仑。

因此，问题不在于建构一个乌托邦、一个国家模型，这或多或少仍只是与生活相关的一种机制。黑格尔的目的不同于此。在每一个真实的国家中，都已经有国家的理念，问题只在于剥离它，就像人们在每一个活的机体中发现生命一样。无疑，有许多或多或少幸运地发展了的国家，有对精神之纯度不一的各种映现，但关键不在于建构一个乌托邦，而只在于理解作为无限者在有限者中的呈现，作为绝对者的具体而实定的显现的精神组织。

黑格尔现在所提出的正是这一任务。观念论哲学所提出的普遍和特殊之间的分离将会被克服，但反思的环节和无限性的环节仍将始终存在，因为精神并不会在一个单一的民族中完全地实现它自身，它是诸民族的历史与生成。这一历史的辩证法已在我们现在所研究的耶拿体系中占有一席之地，但在谢林的影响下它看起来似乎不像它在黑格尔后来的哲学中那样重要。直观仍然过分地压过了概念和伦理的完美实现——在这种实现中，精神发现自己正处在历史的无限生成中，而这种历史将表达黑格尔独特的精神辩证法。

89

第三节　有机共同体的理想

在拒绝了经验主义和抽象的观念论之后，黑格尔展示了他自己的自然法概念，这种整个地保留了其无限性和理想性特征的法与某种自然有关，是一种已在历史中获得实现的特殊自然的法。这个理想是关于被组织起来的活的共同体的理想，是关于完美的伦理整体的理想；这位图宾根的学生曾将它定位于古代的希腊。正如他的传记作家 K. 罗森克朗茨（K. Rosenkranz）正确指出的那样，黑格尔后来写了《法与国家的哲学》（*Philosophie du Droit et de l'Etat*），在那里他已经知道如何为他的思想提供一种更精确和更系统的表述，但在耶拿的这第一部作品中，他的概念的独特性就已经以一种最纯粹最生动的方式表现出来了。①

然而，在黑格尔的阐述中有一种困难，并且人们由于不能察觉到这种困难而面临着理解错误的危险。在读这篇关于自然法的文章时，尤其是在读他提供的有关伦理共同体及其社会状态、军事贵族、资产阶级和农民的描述时，我们不断地问自己这涉及的是一种理想还是一种历史的现实。一方面，黑格尔拒绝建构一个只存在于理论家的想象中的理性国家；另一方面，他的哲学又不是关于实存于历史中的特殊国家的哲学。在国家的本质表象与历史实定性之间联系的问题不断地被提出来，尽管文章的最后一部分明确地致力于"历史实定性"的概念，我们还是应该承认，这个问题并没有被真正阐明。②

这是因为黑格尔在这里把谢林就艺术作品所提出的概念转 *90* 移到了国家哲学的层面上。"就其本质而言神圣的伟大艺术作品是集体的组织，是在所有的社会危机时代萦绕在人的精神中的伟大思想。"我们可以说，这正是黑格尔思想的出发点。因此，问题在于提供这种艺术作品，这个总是内在于所有的历史实现

---

① K. Rosenkranz, *Hegels Leben*.
② 在黑格尔 1821 年的最后一个《法哲学原理》中，问题就不再一样了。

之中，而又不丧失其具体况味的国家理念。从下面这句话中，我们可以看出黑格尔对这个问题有着特殊的意识："绝对精神与它的表达之间总是有着一种非重合。"①然而，为了依然呈现精神的这种绝对表达，不应规避具体之物，也无需在任何表达中都拒绝那些暧昧的世界主义拥护者所做的，尽管这些人误入歧途，竟至于陷入普遍人权、多民族国家、世界共和国的抽象之中。②在这种情况下，我们就不再通达我们在寻求其本质的那种共同体，而只得到了一些"刚好与伦理的活力相反的"形式抽象。③因此，黑格尔补充说，为了"伦理的崇高理念"，最好是去寻找"那种最适切地呈现出它的完美形式"。④然而，国家理念的这种审美表象就其自身而言是不充分的。通过使法具身显现于一个活的民族中，通过强调这个民族经由一般的战争显现出来的实存历史性，黑格尔确实重新发现了这种具体性。但是历史的实存还不是在其完全意义上的历史。在谢林的影响下，黑格尔诗化(如果可以这样贸然地说的话)了他的国家观念；他的伦理世界的表象不管如何具有我们想要强调的那种深刻意涵，仍然是非常静态的。黑格尔的历史哲学还只是初现雏形。

91

我们有必要强调这种困难，因为黑格尔越来越意识到从古代国家到现代国家的不可逆转的必然演化。在《精神现象学》中，严格意义上的历史(而不再仅仅是历史性)将比在这篇论自然法

---

① *Article sur le droit naturel*, éd. Lasson VII, p. 415.

② *Article sur le droit naturel*, éd. Lasson VII, pp. 415-416, 应该以一种形式，一种具体的形象(Gestalt)来呈现绝对精神，然而世界主义是任何形式的缺乏(Gestaltlosigkeit)。

③ Ed. Lasson VII, pp. 415-416.

④ Ed. Lasson VII, p. 416.

的文章中占有更重要的地位。以各民族为其环节的世界精神将明确地把自己提升到民族精神之上。然而在这里，黑格尔想要在一种完美的制度中加以理解和呈现的东西，则是那种只作为民族在历史中存在的有机共同体的本质和一种对本质的描述（它并不是想要建构一个乌托邦）。但是在对它陈述的过程中，他将会碰到这种共同体的历史演化问题，并且应该阐明它。古代的公民和现代的市民不再处在同一个层面上。哲学应该"尊重必然性"并与之和解，它不能不去记录世界精神的这种转变。国家的结构将遭受这种转变的反冲，现代国家将不再能够基于古代国家的模式被思考。最后，甚至绝对精神也将被提升到诸民族的历史之上，以便在一个新的维度上作为艺术、宗教和哲学而思考其自身。①

　　黑格尔的阐述的出发点就是这个简明的断言："伦理秩序的实定性就是这个：绝对的伦理整体除了是一个民族外，别无他物。"②民族因此是伦理的唯一具体的化身。正如我们已经看到的，我们不能超越民族而不失去伦理本质的活力，不陷入一种不真实的抽象中。但一个民族是一种个体性："这是它的现实性的一面，独立于这个方面来看，一个民族就只是一种理性的存在，它就是一种没有绝对形式的本质抽象，这个本质因此将恰恰是没有本质。"③在具有一种生机论形式的耶拿体系中，绝对生命只有在诸民族的个体性中才获得表达自己的可能性。一个民族是一个伦理的整体，是一种精神的组织，并因此无限地超越

92

---

① 我们会在本书的最后部分"现代世界：国家和个体"中专门探讨这些问题。
② Ed. Lasson VII, p. 371.
③ Ed. Lasson VII, p. 371.

那只有通过参与到民族之中才能真正地实现自身的孤立的人；
但民族也具有一种个体性，因此在它之中有绝对否定性的环节，
黑格尔（在我们刚刚引用的文章中）称之为与肯定本质相对立的
绝对形式。

　　然而，个体性是独一性和排他性。一个民族在历史中是独
一无二的，它有其本己的天赋，一种使它实存下去的方式，因
此它甚至使自己对立于其他民族，从自身中排除了其他个体
性。① 由此也表明了在诸民族的生活中战争的必然性。"通过无
限性与实定性之间的绝对同一，作为诸民族的不同伦理整体就
形成了；诸民族因此构成不同的个体，作为个体，它们碰到的
也是其他个体民族。"②民族与民族间的关系能够成为一种共存的
关系，一种或多或少稳定的和平秩序；但同样由于民族的个体
性，由于其排外的、否定的特性，这种关系必然在这个或那个
时刻是一种战争的关系。战争是诸民族生活的伟大经历，正是
通过战争，诸民族才向外显示出它们在其内部之所是，并且肯
定了它们的自由或陷入奴役之中。也正是在战争为其民族提供
的机会中，单个的个体才得以以某种方式把自己提升到他自身
之上，而体验到他与整体的统一性。

　　战争看起来是在一个民族中通过各种陌生的情势阐明自身
的。冲突的每一次爆发都有不同的原因，它在历史学家看来多
多少少是偶然的。但是，一般战争的必然性也同样为黑格尔所
肯定。与那些筹划永久和平计划、人类的法律组织计划的 18 世

---

　　① 　黑格尔把独一性和排他性这两个特征混融在他的个体性概念中，这使他得以从
泛悲剧主义进展到泛逻辑主义。
　　② 　Ed. Lasson VII, p. 372.

纪哲学家相反，见证了法国大革命的多次战争的黑格尔发展了一种战争在其中起着重要作用的历史哲学。对他来说，战争并不是民族与民族之间仇恨的结果，单个的个体确实能体验到对另一个个体的仇恨，但对诸民族来说却并不是这样，所有这一类的激情在这里都被排除了。① 但是，"把全体生命都投入游戏中去"的战争是"诸民族的伦理健康"的条件。没有战争，没有战争施加于民族之上的威胁，一个民族就面临着逐渐失去其自由意义的危险，就会在习惯中麻木昏睡，陷入对物质生活的依附中。这就是为什么黑格尔毫不犹豫地说，过于长久的和平会毁掉一个民族。"风的吹动才使湖水保持不腐。"②

因此，对一个民族的生活来说，战争与其说是外在的显示，不如说是一种内在的必然性。从表面上来看，战争无疑是来自诸个体民族的共存，但实际上它是被铭刻在个体性这个概念本身中的。个体性是被规定的，因此，它也是不自由的；只有当它否定了在其自身中的任何规定，并因此而重新投入普遍性中时，它的自由才会出现。③ 战争是一种否定之否定，是对一个民族的物质生活、对那明确地构成了其各种限定或否定的实定特殊性的否定。在战争中，这些否定反过来被否定了，最高的自由——不成为生命的奴隶——开始显现了。在《精神现象学》中，

94

---

① 在黑格尔看来，这一点可以从现代武器的性质（它不再要求人与人之间的战斗）中得到阐明。

② Ed. Lasson VII, p. 372.

③ 这是这样一种辩证法，一般来说，个体通过这种辩证法融入普遍性中，在其自身中就是否定之否定的有限生活变得同一于无限的生命。对此的分析，参 J. Hyppolite, "Vie et prise de conscience de la vie dans la philosophie hégélienne d'Iéna", *Revue de Métaphysique*, 1937。

在涉及伦理共同体时，黑格尔就战争这个主题表达了同样的思想："为了不让这些特殊的制度在这种孤立状态中根深蒂固，并变得僵化，进而为了不让整体瓦解，不使精神涣散，政府就不得不时不时地利用战争来从内部震动它们，它不得不利用战争来打乱它们那已经成为习惯的秩序，剥夺他们的独立权利。对于个人也是这样，他们因深陷于这种秩序中而脱离了整体，他们追求那神圣不可侵犯的自为存在和个人安全，政府就必须在这种强加给他们的战争任务中让他们体会到他们的主人，即死亡。多亏了这种固化的生存形式的消解，精神才抑制住自己不至于沦陷入这种远离了伦理存在的自然存在中去；它保持了它的意识的自我，并将这个自我提高为自由和它自己的力量。"[1]我们在此的目的不在于评价黑格尔关于战争的精神必然性的判断。

95 我们只想强调战争所隐含的那种英雄主义的自由概念并在某种程度上强调黑格尔的历史哲学的前提。我们首先应该注意，黑格尔撰写并构造他的哲学的时期是一个历史性的时期。在这个时期，历史显现为诸个体和诸民族的命运。在法国，大革命的悲剧正在展开。在黑格尔看来，一种不可改变的逻辑把大革命引向了以死亡的危险来考验个体的大恐怖。在这样的严重时刻，国家必定要保护自己。在欧洲，战争也相继蔓延，永久和平的计划看来只是一种乌托邦。按黑格尔的说法，"最后，德意志在这个时期不属于一个国家"[2]。各种离心力阻碍了它的统一。它

① *La Phénoménologie de l'esprit*, traduction citée, tome II, p. 23.

② 参 *L'étude de Hegel sur l'état de l'Allemagne*, éd. Lasson, VII, p. 3. 该文以"德意志不是一个国家"开始。从历史的观点来看，这个研究是黑格尔致力于其时代问题的研究中最具穿透力的一个。

承受着在它自己的领土内发生的战争而不能结束其内部的纷乱；它既不是政治的统一体，也不是军事的统一体，更不是财政的统一体。黑格尔以现实主义的眼光看到了这一点，并从各种事件中汲取教训。他的哲学想要成为一种为思考这一历史并与之和解的尝试。这就是为什么，他所提出的自由概念是一个英雄主义的概念。自由的人是那些无惧于死亡的人。黑格尔赋予了这种对自然的否定（费希特的自由的无限性就基于这一点）具体的含义。纯粹自由的感性显现就是死亡，在死亡中，一切被规定的东西，甚至否定本身，都反过来被否定了。① "这个作为否定的绝对，纯粹的自由，在其现象的显现中就是死亡，正是通过这种死亡的机能，主体表明自己是自由的，并被提升到任何的限制之上。"之所以有奴隶，是因为还有这样一些人，他们爱生命胜过爱自由②，但自由的人是不为生命和生存方式所役的人。根本的伦理德性——使人自由的德性——因此就是勇敢。黑格尔所向往的贵族是作为自由人的贵族，他们既能思考整体，又能为了他们的民族而毅然献身。我们已经说过，战争对黑格尔来说不是一个民族对另一个民族的仇恨，也不仅是一种生命所必需的条件。问题不在于牺牲另一个民族来确保它自己的生存，因为在这种情况下，战争就不是自由的显现。我们谈论的就只是为了各种物质性的生存条件而进行的斗争和竞争，但这样一来战争的生命必然性就不是一种精神的必然性。尽管在历

96

---

　　① Ed. Lasson, VII, p. 372.

　　② 关于自由的这种英雄主义的观念，参《精神现象学》中关于"生死斗争"的著名辩证法（*La Phénoménologie de l'esprit*, traduction citée, tome I, p. 158），紧随这个辩证法而来的就是关于主奴关系的辩证法（I, p. 161）。

史中的种种战争似乎总是以这样一个侧面呈现出来，但在黑格尔看来这只是一种表面现象。相反，它们的真正意义是对总是变得具有侵扰性并阻碍着人向自由提升的自然因素的支配。

一个民族其实是黑格尔称为无组织（inorganique）的某种实定的自然，因为它不是纯粹的生命、纯粹的自由，这种自然是由公民们的各种物理需求，由每个人的工作、对特定财物的占有而建构起来的。这些要素都服从于一种必然性，并形成了新科学即"政治经济学"所思考的那种相互依赖的体系。黑格尔已经意识到这种科学正在社会哲学中占有越来越重要的地位，但他坚持它从属地位的必然性。也许正是在这一点上，黑格尔的哲学最大程度地区别于那种有赖于它的马克思主义哲学。黑格尔事实上谈到了这个经济世界："就其本性而言，为否定性的东西应该保持为否定的，而不应该成为某种固化的或固定的东西。"①他还补充说："为了阻止它构成为自为存在，并成为一种独立的权力，……伦理整体应该将它维持在其否定性的感觉中。"正如我们在大多数时候所看到的，战争作为否定之否定的角色，给予这种无组织的自然以依附性的感觉，并阻止它吞噬自由。

战争因此在一个民族的生活中是必需的，因为如果没有战争，则整体的意义、统一体的意义就消失了，人的生命就沉陷入一种无精神的自然性中。但战争也有不祥的后果，对此，黑格尔在《精神现象学》中也予以了特别的强调。它导致了诸特殊

---

① 对人们称之为政治经济学的东西的暗示，éd. Lasson, VII, p. 373. 上引段落同样见于这一页。就整体而言，经济学应该从属于政治学。正如立法不可能完全被一种抽象的知性绝对地确定，在此也有不可公度的东西，而合理性只是"有某种决定"。

的民族共同体融合到一个帝国——如罗马帝国——之中，它在一个"万神殿"中统合了诸特殊民族，使它们丧失了其特殊的统一性和原初的个体性。这样一个帝国并不会比一个提议更能保证一种永久和平的多国联邦构成一种历史的终结。① 黑格尔尽管如此欣赏拿破仑的天才及其国家的意义，但从来都没有强调过拿破仑的帝国政治。它是一种土地的合并，从而实现了一个像罗马帝国那样的帝国。但这样一种业绩在黑格尔看来没有真正的意义。要有各种特殊的民族，这是精神生命的一种必需。精神只有在这种具体的形式下才能具身显现于历史之中。在其早期的著作中，黑格尔已经强调了爱的命运，它不可能无限地扩展自己而不失去其深度和具体的力量。在《精神现象学》中，他重溯了导致古代城邦在一个无精神的帝国中消失的演变历程。国家因此变得遥远而敌对，个体退回自身中，这就是我们已经提到过的苦恼意识的最初形式。私人的生命、私人的权利获得了一种过度的扩张，精神的自由则消失了。

能够对由诸特殊民族的精神多样性提出的问题给予解答的，既非帝国，也非多国联邦。在黑格尔的最后哲学中，唯有历史才对这一问题提供了解决方案："历史向我们显示的是一系列文明和国家在历史舞台的前景中的相继显现，它们达到了它们的顶点，又沉了下去，不再出现……一个国家的成功是一种精神原则的成功。这种精神原则表达了穿透世界的神圣精神在这一环节所达到的最高程度，因此它就是代表了普遍性的个体，但

① 关于战争使诸民族共同体消失在一个帝国中的这种作用，参 *La Phénoménologie de l'esprit*, traduction citée, tome II, pp. 42-43。

它只能不完全地代表它，这也是它衰落的原因，这源自一种内在的正义——历史是一种神正论。"①

　　这种关于诸民族的历史观——它调和了原初文明之多样性的理论和一种进步的理论——尚未在我们此时正在考察的耶拿时期的著作中发展起来，而明确地出现于其中的则是这种战争哲学，对此我们已经予以了充分的强调，因为它是黑格尔思想的标志性特征之一。与这种哲学联系在一起的是黑格尔构造的社会有机体的观念，因为它必然地要分化为诸阶级或特殊的等级(Stände)。一个民族的生活是一种有机的生活，它因此在自身中假定了一种多样性。这种多样性由诸特殊阶级构成，这些特殊阶级中的每一个都以自己的方式表达了整体。关于这些阶级的性质和功能，黑格尔不断地使他的分析适应他的时代处境。②在《伦理体系》和耶拿论自然法的文章中，他区分了一个军事和政治贵族阶级(只有这个阶层是真正自由的，因为只有它思考整体，并把自己提升到诸自然需求的特殊性之上)，一个积极追求财富获取的资产阶级和零售商阶级(他们封闭于私人生活之中，只寻求财产的安全，只以一种抽象的方式，即在权利中才触及整体、普遍性)，最后还有一个农民阶级(他们在具体的劳动中对整体有某种直接的感知，并通过基本的信任感参与到普遍性

------

　　①　Bréhier, *Histoire de la Philosophie moderne*, Hegel, pp. 773-774.

　　②　在《论自然法》和《伦理体系》(这个体系符合 18 世纪德意志政权的实际阶级)中，在 1805—1806 年的课程中，黑格尔考虑到了由拿破仑的天才带来的社会结构的深刻变化。有义务感的公职人员能够引导和启迪公共舆论，他的角色变得更具优势。在许多方面，黑格尔都对立于自由主义的资产阶级，尽管他看到了这个阶级的发展。他要么把一个军事贵族阶级，要么把一个能够思考国家实体的公务员精英阶层置于资产阶级之上。

99

之中）。这种分析的重要性在于黑格尔在一个自由人阶级与一个非自由人阶级之间做出的区分。自由人是那种在战斗中能够英勇作战的人，他活在他的民族中，并为他的民族而活。而其他人则不能达到这样一种整体的思考：他们不能享有具体的整体，并有意识地参与其中。在这个意义上，他们活在"差异"之中。他们的民族的整体对他们来说仍然是他们在恐惧、服从和信任的心态下感受到的某种外在之物，或者是他们以一种抽象的方式，在一种仍作为应然存在的法的普遍性中表达出来的外在之物。① 根据黑格尔在此所做的一个评论，只有在宗教中，所有人才是平等的，这一点在他后来的文章中得到越来越多的发展。因此，绝对精神将不同于客观精神。在法国大革命中，人们已经想要取消这些分化，并把所有人都提升到真正的自由中，使所有人都成为公民，但因此就遗忘了现代世界的特征之一，即经济生活和私人生活的重要性。卢梭的错误在于考虑了公民却没有足够重视财产。在《精神现象学》中，黑格尔如此表述导向革命的运动："每个个别的自我意识都离开了分配给它的特殊性领域，不再在这个特殊的团体中发现他的本质和他的作品；它现在只有在一个作为整体作品的作品中才能实现自己。"②这就是法国大革命的深刻意义：真正地创造理性的国家，在那里，民

100

----

① 在 1807 年的《精神现象学》中，最大的问题在黑格尔看来恰恰是把所有个体都提升到对普遍性具有意识的这种可能性。但他认为这样一种提升在国家中是不可能的。正是革命的失败使他在这个观点上发生了动摇。

② *La Phénoménologie de l'esprit*, traduction citée, tome II, p. 132. 黑格尔还说："在这种绝对的自由中，作为诸精神本质（整体就贯穿于其中）的所有社会等级就都被摧毁了；当初曾隶属于这个关联体的某一个分支、在这个特殊的分支中有所意愿并获得实现的那种个别的意识，就消除了它的障碍。它的目的就是普遍的目的，它的语言就是普遍的法律，它的事业就是普遍的事业。"

族的单一而不可分的意志体现在每一个人身上。这样一来，就只有那些自由的人即公民了。但是这样一件作品是不可能的：整体是一个有机组织，而差异（在黑格尔赋予这个词的专门意义上）也应该在其中占有它的一席之地。大革命的结果因此只是国家的重铸或"更新"。新的群体应该被建构起来。在黑格尔看来，导致现代国家悲剧的不可还原的对立在此恰恰显现为公民和市民的对立。在其最后的《法哲学原理》中，他试图通过在国家中构想一个作为整体之环节、作为经济生活之环节的市民社会来克服这种对立。

　　黑格尔论自然法的文章以对法的实定性的研究而告终。因此，他所提出的关于实定法与自然法的关系问题类似于他在其青年时期的著作中谈到宗教时所提出的问题。在他看来，重要的不是把一种抽象的自然法与一种具体的实定法（也就是历史的法）对立起来。哲学如他所设想的，应该提升到这种对立之上，并学会尊重"历史的必然性"。事实上，自然法只有在与特殊的地理和历史环境相关的特定民族中才能实现。这些环境对于民族的发展或民族的自由来说一般并不构成障碍。因此实定性在一个自由的民族中是活的。"在那里的特殊性被同化了，无差别了。"①特殊性——实定性——的一面就是伦理生活的无组织的自然，但这是一种被伦理生活的生命所浸透而被组织起来的自然。正是因此，人们可以说，一个民族不仅仅是个体性的概念，而就是个体性本身。也就是说，它是绝对者的一种独一无二的显现。"民族的伦理活力就在于这个事实：它影响了一种具体的形

---

① Ed. Lasson, VII, p. 408.

态（Gestalt）——规定性出现于其中，但不是在该词的贬义上作为一种实定的因素，而是作为某种与普遍性完全一致并被普遍性贯注了生气的东西。"黑格尔在下面这段有着特殊意义的话中再次表达了这个概念："正如在水螅的本性中与在夜莺的本性中同样多地包含着生命的整体，世界精神也在每一特殊的形态中都拥有它的自身感知。尽管它更为模糊或得到更多发展，但它始终是绝对的，在每个民族中，在它的风尚和法律中，它都拥有它的本质，并享有它自身。"①

　　诚然，实定性也有一种贬义，这时它指的是那完全地未被分化的东西，是在一个民族的生活中那种死亡的残余物。实际情况是，一个民族在它的演化中保留着某些不再与它的活的精神相融洽的制度和实定法。就像一种惰性那样，存在着抵制必然变化的各种社会形式。我们可以说，当不再鲜活的过去脱离了现在并与它对立时，就是记忆不再有组织的时刻。当黑格尔在瑞士逗留期间思考伯尔尼的贵族阶层时，或当他研究他那个时代的符腾堡（Wurtemberg）的宪制和德意志的状况时，他就已经现场研究了在诸民族的发展中出现的这些危机。历史转型期的不幸在于这个事实，即新的文化尚未完全摆脱过去。实定性由各种法律构成，但这些法律却表明自己外在于新的风尚。

　　这些最后的评论向我们指出，黑格尔所思考的不仅仅是一个民族生活的历史性，而且还有其全方位的历史发展。构成这种发展的动力是在绝对生命与这种生命所应该采取的特殊形式

①　Ed. Lasson，VII，p. 409.

之间的不断产生的对立。因此，在一个特殊民族的精神与在它之中呈现的绝对精神之间始终有一种不一致。这就是为什么历史是悲剧。在关于自然法的这同一篇文章中，黑格尔说："悲剧是绝对立场(la position absolue)的表象。"①

103　　　我们已经注意到对黑格尔来说至为根本的世界的泛悲剧主义这个概念，它是所谓的辩证法的最初形式。人们也许会在一个对法的研究中惊奇地发现对于埃斯库罗斯的《欧墨尼得斯》(Euménides)的评论和对古代悲剧与现代喜剧的反思。但是这些反思并不是小插曲；相反，它们表达了在我们这位哲学家的世界观中至为深刻的东西。悲剧和喜剧不仅仅属于审美范畴，它们也传达了意识的哲学立场。但这些立场并不是等价的。喜剧把人提升到任何命运之上，而悲剧则是对命运的承认和与命运的和解。在他的美学讲座中，黑格尔将这样说："喜剧的舞台是由这样一个世界构成的，在其中，人作为个体已经把他自身树立为所有现实的绝对主权者(这些现实作为他的认识和行动的本质内容对他来说通常是有价值的)，而这个世界的诸目的则由于它们自身的不一致而自我毁灭了。"喜剧因此表达了一切有限物的消解；但由此被提升到任何命运之上的个体意识则经历了所有命运中最残酷的命运。它意识到，上帝本身就是死的，上帝只能使自己与世界对立而不是真正与之和解。②

---

①　Ed. Lasson, VII, p. 388. 关于悲剧和喜剧在伦理生活中的整个发展，参 pp. 384-389。

②　这就是为什么喜剧的发展总是伴随着个体主义的发展。古代喜剧是城邦衰落的征兆，与古代喜剧如此不同的现代喜剧则是一种资产阶级的喜剧，关于这一点，参 éd. Lasson, VII, pp. 385-387。

　　这就是为什么黑格尔说："悲剧仅仅体现在绝对的立场中。"
神圣者的命运事实上并不能逃离任何实定的实现，而是在有限
者中显示自身以便在它之中发现自己。因此它仅仅作为悲剧英
雄或民族精神才存在于世界历史之中。反过来，有限者的命运
就在于表现神圣者，在他之中去显示无限的生命。这一双重的 *104*
要求不可能在一种静止的综合中、在一个逃避历史的完美整体
中实现自身。但世界历史就是这种悲剧性的张力，据此，内在
于其各种显现的无限生命要求它的每一个显现都不断地超越自
身。每一个显现都既表现了绝对者，又没有表现绝对者。这就
是为什么它死亡又生成。① 正是在这种与其命运的和解中，精神
才真正提升至自由。黑格尔的辩证法只是在后来才用逻辑的术
语传达了这种泛悲剧主义的世界景观。否定性处于绝对者的中
心，绝对者并没有被看作独立于这种否定性的，就好像它能自
外于普遍历史的悲剧似的。在《精神现象学》的序言中，黑格尔
在一个著名的段落中明确指责谢林把绝对者与否定割裂开来的
做法："如果我们愿意，可以说上帝的生活与神圣的认识因此能
被表达为一种爱与其自身的游戏，但当其中缺乏严肃、痛苦、
忍耐和否定的工作时，这种观念也就被贬低为一种矫揉造作，
甚至被贬低为乏味无趣。"

---

　　① "这是绝对者永恒地与它自身嬉戏的悲剧。它产生于客观性中，又在这种客观
性的形象中把自己交付给激情和死亡，最后从它的灰烬中上升至庄严之境。"

第五章　现代世界：国家与个体

　　我们已经尝试着展现了黑格尔思想的形成过程，从民族精神的概念到有机共同体的理想，就像他在《伦理体系》和《论自然法》的耶拿文章中发展起来的那样。但黑格尔的概念在某些方面依然是不合时宜的。在黑格尔的伦理世界体系中，正是古代城邦——柏拉图的共和国——直接启发了他。这种社会和政治生活的表象有点儿过于漂浮在历史的表面，而不能对现代心态的独特性及与之相应的国家的独特性做出充分的说明。相反，在这些作品撰写之后的几年里，黑格尔越来越意识到古代国家与现代国家之间的差异。他的决定性的《法哲学原理》在1805—1806年的课程中初露雏形，紧接其后的是《精神现象学》。对我们说来仍有待考察的是黑格尔有关现代国家的这些著作。在我们看来，已经出现在黑格尔的思想核心中的民族精神的概念和世界的悲剧观并没有消失，但是黑格尔所要构造的政治和社会生活表象将会更直接地对应他那个时代的历史。①

　　此外，我们知道，黑格尔并没有停止过反思他作为旁观者所见证的那些事件：他反思拿破仑（他如此深情地赞扬拿破仑所

---

　　①　关于黑格尔的政治思想的演进，我们可以参 Rosenzweig, *Hegel und der Staat*。关于这种政治思想本身（就像它在 1821 年的《法哲学原理》中呈现出来的那样），可参 Jaurès, *Les Origines du Socialisme allemande*（traduction française de A. Veber）。饶勒斯在书中详细考察了路德、康德和费希特、黑格尔和马克思。

开创的国家的意义），也反思帝国战争（这对他来说并不是过去
的事件）。在 1821 年他阐述其战争哲学的一段话中，我们也许
能重新发现 1807 年在耶拿当拿破仑的铁骑经过时他自己所体验
到的那种感情："诚然，战争带来了财产上的不安全，但这种实
际的不安全无非是一种必然的运动。在讲坛上，人们无休止地
谈论着尘世事物的不安全、易朽性和不稳定。但不管如何受到
触动，每个人都认为，他会保留住那属于他的东西。但当这种
不安全是以手持寒光利剑的轻骑兵的形式出现，因而所有这一
切不再是一个笑话时，这同一些有教养的、激动不安的、曾预
言过一切的人就转而开始诅咒征服者了。然而，当战争不可避
免时，战争就发生了。种子再一次发芽了，在历史的严肃面前，
饶舌空谈终于哑口无言了。"①在耶拿时，黑格尔还说过："读报
是一种现实主义的晨祷。"人们在正在苏醒的世界中确定自己的
位置。这就是为什么黑格尔自己不满足于一种与世界历史、与
他那个时代的世界精神（Weltgeist）不符的政治和社会理想。②

　　然而，现代世界的特征之一是各种形式的个人主义的发展。*107*
从 16 世纪以来，个人主义就成了一个令人不安的问题。社会、
政治制度、国家显现为人们不断地加以反抗的各种限制。③ 这就

---

　　① *Philosophie du Droit*，Zusatz au §324，éd. Lasson，VI，p. 369.
　　② 因此，黑格尔的国家就像他在《法哲学原理》中呈现出来的那样是历史演进的
产物，但哲学家对它的认识并没有完全超越历史。"思考存在的东西，这是哲学的任
务，因为存在的东西就是理性。就个人来说，每个人都是他那时代的产儿。哲学也是
这样，它是被把握在思想中的它的时代。妄想一种哲学可以超出它那个时代，这与妄
想个人可以跳出他的时代，跳出罗陀斯岛，是同样愚蠢的。"
　　③ 《精神现象学》的很大一部分内容就致力于这个问题，参关于快乐与命定性、
心的规律与自大狂、德性与世界规律等章节，*La Phénoménologie de l'esprit*，traduction
citée，tome I，pp. 288 sqq.

是用来反对个人的权力意志的各种高耸的堤坝；但还应该更进一步往前追溯。正是在基督教及基督徒的意识中，在"绝对主观性"的原则中，人们找到了这种个人主义的源头。意识分裂为两个世界（它体现在这句著名的话中：凯撒的事归凯撒，上帝的事归上帝），这阻止了人们在地上之城中发现其绝对者。国家因此只是一种与个体在其自身中对他所具有的绝对价值的认识相反的客观现实，而这种认识仍被封闭在他的主观性中。这就是并不存在于古代城邦的高贵自由中的最具悲剧性的对立。确切地说，黑格尔青年时期的理想就是这两个世界在民族宗教——对原初精神的意识——中的融合，就是这种在其国家中发现其完全实现的意志的公民的客观自由。

黑格尔在《精神现象学》中已经把法国大革命看作一种为克服这两个世界的分裂而做的尝试。国家应该重新成为每一个人的意志的直接表达。"天国将被搬移到大地之上。"①然而大革命失败了，它导向了恐怖或无政府状态，这是同一个现象的两面。正是拿破仑随后重建了现代国家。

私意与公意、个体与国家的同一因此不能像在古代世界中那样被直接建立起来，而必须借助一种中介。诚然，对个体来说，自由就在于将自己提升到公意的高度，在于融入这种超越了他的客观组织中去。国家对黑格尔来说不再有任何人为的东西，它是在地上的理性。但这种提升和自由不再是直接的，而是有一种或明或暗、依情形而定的冲突，现代国家既理解个体与公意的对立，也理解它们的和解。我们将考察黑格尔所说的

---

① *La Phénoménologie de l'esprit*, traduction citée, tome II, p. 129.

这种现代国家的某些特殊性及它与个体的关系。首先,我们要强调现在已被他明显察觉的在古代城邦(他青年时的理想)与现代世界之间的差异。黑格尔认为应该从中推导出与古代民主制相反的现代君主制的必然性。其次,我们将看到个体与国家对立的不同样式,一方面是显现为暴政的国家,另一方面则是在经济世界,即黑格尔所说的市民社会中的个体的明显自由。最后,我们将指出,严格意义上的国家如何凌驾于市民社会和各种中介性的团体(家庭和同业公会)之上,真正地实现尘世的客观自由;但与此同时,还要说明在国家之上(或与它平行)如何还有一个体现在艺术、宗教和哲学中的绝对精神的世界。正是在黑格尔关于精神哲学的课程中(1805—1806),我们发现了这些首次得到阐明的不同观点。《哲学全书》和1821年《法哲学》所做的只是把在这些课程中初具雏形的东西予以条理化,为之提供一种确定的形式。①

在《伦理体系》和论自然法的文章中,黑格尔引用了亚里士 *109* 多德,特别是柏拉图的观点。他想要提供一个像柏拉图在其《理想国》中所给出的那种集体组织。但在1805—1806年的课程中,他开始意识到古代城邦的理想与现代国家之间的差别:"在古代世界中,美好的公共生活在于全体的习俗,……它是普遍性与单一性的直接统一……一个在其中任何部分都不能与整体相脱

---

① 然而,从1805—1806年到1821年,黑格尔也有一种重要的政治进展,但就我们在此关注的内容(关于国家、市民社会和君主制的新概念)而言,我们的断言仍是有效的,对于与客观精神不同的绝对精神的出现来说也是一样,它首次出现于1805—1806年的课程中。

离的艺术作品。"①自我只有在它的客观表象即根据正义的观念协调一致地组建起来的城邦中才能认识它自己。此外，在黑格尔看来，这种理念不是由某个哲学家任意构造出来的乌托邦。"柏拉图不是在阐述一种理想，而是理解了他那个时代的国家的内在原则。"②在《法哲学原理》中提及柏拉图式的共和国时，黑格尔再次说："柏拉图在他的《理想国》中阐述了处于其理想的美与真之中的实体性的伦理生活，但是在涉及独立的特殊性原则（在他的时代，这个原则已渗入希腊的社会伦理之中）时，他只能将这个原则与他的纯粹实体性的国家相对立，并一直追溯这个原则在私有制和家庭中的起源，以及它后来进一步作为个人自由、职业选择等的发展，从而将它从实体性的国家中排除出去。正是这个缺陷使人们对其国家所具有的伟大的实体性真理产生了误解，使他们把这个国家看作一种抽象思想的幻想、一般所谓的理想。个体自身独立的无限的人格这一原则，即主观自由的原则，以内在的形式出现在基督教中，而以外在的（从而与抽象的普遍性结合在一起）形式出现在罗马世界中，它在现实精神的那个纯粹实体性的形式中却没有得到应有的地位。这个原则在历史上要到希腊世界之后才到来。"③然而，这种主观性的原则即认识到个体在其自身中也是与绝对者有关的，是伴随基督教产生的，它使现代世界完全不同于古代世界。现实生活的世界和思

---

①　*Realphilosophie*, 1805, XX, p. 251.

②　*Realphilosophie*, 1805, XX, p. 251.

③　*Philosophie du Droit*, §185, éd. Lasson, VI, p. 156. 在古代世界中，特殊性的原则即家庭、与城邦相对的家神。但在现代世界中，这个原则得到了深化；它要求个人自由，职业选择等等，柏拉图的单纯实体性的国家因此不再适合，应该像黑格尔在《精神现象学》中所说的那样，"实体也成了主体"。

想的世界是不同的，这就是为什么道德（在康德的意义上）与伦常气质（éthos）、实存风尚处于对立状态。"最后，在一种不再是特殊的民族宗教的宗教中，每一个人都上升到了作为宇宙自我的自我直观层次：它的特殊本性、它的社会阶级像幽灵一样消失了，个体就是对他自己作为精神的认识。"①

　　然而，柏拉图的理想国缺乏这种绝对主观性的原则，这就是为什么"柏拉图的国家属于过去"。柏拉图的理想国像拉栖代梦人的国家那样，是个体性的完全消融。现在却相反，个体已经获得了内在的自由，即思想或意识的自由。这种自由对立于客观的现实。"精神剔除了直接性的存在，并上升为自我认识。"②它也因此失去了那种作为内在性与外在性之统一的高贵的伦理自由。

　　这种对立于国家的客观秩序的内在自由改造了国家本身。我们首先碰到的是一种对立，而不再是私意和公意的直接统一，不再借助公意来表达私意。个体自为地确立自己，国家也同样 *111*
是自为的；它们看起来像是彼此外在的。然而国家是个体的实体；公意应该实现自己，并与个体的偏离和一种原则上是无限的自由要求相和解。"单个意志的偏离、无序应该得到容忍，国家是狡计。"③黑格尔在1805—1806年的讲课稿中的这条注释明确地指出了他就国家所形成的新概念。私意和公意、主观意志和客观意志的对立只是应该被有效地超越的一个环节，但这一

---

　　① *Realphilosophie*, 1805—1806, XX, p. 267, 康德意义上的道德被定义为一种超越社会状态的提升。

　　② *Realphilosophie*, XX, p. 251.

　　③ *Realphilosophie*, XX, note de la page 251.

点并不会像在古代的民主政体中那样直接发生。国家因此是一种狡计，它通过放任个体自由，最终在他们的自由游戏本身中实现自己。

黑格尔从这种分析中得出的一个重要结论：现代国家中君主政体的必然性和古代民主政体的消亡。正是从 1805 年开始，君主政体开始向他显现为"进展中的理性建制"。事实上，古代的民主制令人赞叹地体现了公民与其国家的统一：同一个人，既关心他自己和他的家庭，为之劳作，又为普遍的事业工作，把这直接视作其行动的目标。"这就是希腊人的幸运美好的自由，它令我们今天的人如此羡慕。民族消融在诸公民中，它自身就构成了政体的个体性。它在行动中与自身进行着互动。"①换言之，在这些古代的民主政体中，私人生活和公共生活并不是真正对立的。私人的自由并不存在；相反，真正的自由——自己为自己立法、建构公意的公民自由——却是古代城邦的灵魂。这种民主政体不再可能了，黑格尔在《精神现象学》中谈及法国大革命时还将再次指出这一点。在现代世界，私人、所有者、市民这些身份太重要了，以至他不可能同时成为一个公民。这就是为什么普遍性和单一性在现实中相互对立，而不像在古代世界中那样和谐地融为一体。一旦政体不再是全体的表达，它就显现为一种独立的存在，这就是君主制，甚至世袭君主制，因为自然在这种对立中起了作用，它就是这种独立存在的形式。② 因此在统治者与被统治者之间有一种分离，这是现代国家

---

① *Realphilosophie*, XX, p. 249.

② 关于这一点，参 1805—1806 年的课程，XX, p. 252。

的特征，并体现在立宪君主制中；但是在君主与臣民这两极之间，整体的统一并不更少地存在。现代的理想是"在完美自由中的普遍性和个体的独立"。个体是自由的，他寻求其私人利益，选择自己的处境，发展自己；而君主体现在法律中，他就是活的法律，是以人格意志的形式实现的国家。但是整体的统一、普遍性被保留下来，因为赋予个体的这种"私人自由"就是国家的力量和狡计，国家在诸私人利益之上维持自身并把它们消融于自身中。民主政体因此被超越了，因为在现代世界中，它有可能只是使国家完全消融在私人的利益中。我们清楚地看到，在法国大革命期间，在使所有的中介性团体都消失之后，仍然留存下来的只有特殊意志（私意）和一般意志（公意）。但特殊意志的支配已经产生了无政府状态，而一般意志的维持则要求恐怖。

在《哲学全书》中，黑格尔将这样说："人们一般习惯于称民族为私人的集合体，但这样一个集合体，是 vulgus（群氓）而不是 populus（民族）。在这种关系下，国家的形式在于阻止一个民族以这种集合体的形式存在并执行其权力和行动。一个处于这种状态下的民族是一个狂热的民族，一个受不道德、不正义、盲目而野蛮的力量控制的民族，它是泛滥肆涌的海洋，区别只在于海洋不会自己毁灭自己。然而，人们却通常把这样一个国家看作真正自由的国家。"①

私人的个体因此对立于普遍性，对立于国家。被看作集合体和群氓的民族还没有文化，它需要被教育，被引向那种体现

①　*Encyclopédie*, p. 544, éd. Lasson, V, p. 452.

了真正自由的普遍性的意义。但它并不直接地拥有这种意义，它必须去争取。这就是为什么自 1805 年以后，黑格尔开始批评卢梭的社会契约理论，或至少赋予了它一种新的意义。卢梭把国家的宪制描述为诸特殊意志的自由协议。每一个人都转让他的"天然自由"，通过这种转让就形成了公意。黑格尔评论说，这种转让不会通过它自身来实现，私人也不会轻易地放弃他认为（尽管是错误地）是他的自由的东西："不存在所有人都想要同一件事的必然性。"① 然而人们假定，由诸个人形成的群体自在地有同样的公意。因此，公意应该自在地存在。它应该明确地由自在进到自为，它应该成为实际的。儿童自在地是有理性的，但这种自在对他来说首先是外在的，它以其父母的意志的形式向他显示出来。同样，公意向私人显现为一种像是外在于他们的意志。毫无疑问，这只是一种表面现象。但这种表面现象是应该加以考虑的所有民族的历史的一个环节。卢梭所谈到的自然的扬弃（aliénation）只有通过黑格尔称为教化（Bildung）② 的历史过程的中介才得以实现。在诸民族的历史中，有这样一些时刻，即国家被一些大人物创建了或保卫了。这些大人物在那一刻就具现了公意，并把它强加给人民，而不管其意愿如何："所有的国家都是凭借伟大人物的力量被创建的，这并不是指体能的力量（因为从体力上来讲，众人的力量胜过一人），而是指伟

---

① *Encyclopédie*, XX, p. 245. "普遍意志应该从诸个体意志出发被构成，但这个'从……出发'只是个表面现象，因为普遍意志就是那最初的东西，它是本质；整体先于部分，诸个体应该在自身中否定自己，扬弃自己才能在普遍性中形成自己。"

② 黑格尔赋予"教化"这个词以极其广泛的意义。此外，他也用它来描述个体的政治成熟或经济独立，以及更一般地指个体向着普遍性层次的提升。

大人物在其禀性上有某种东西，这使其他人称伟大人物为他们的主人，他们违逆了自己的意志而服从此人。由于违逆了他们自己的意志，伟大人物的意志就成了他们的意志。"①伟大人物的角色在诸民族的历史中是根本性的，因为公意需要以人为工具来实现自己。众多主体的个人主义使得暴政在某些时期成为必需："这种暴虐的力量是必需的和公正的，因为它把国家建构成为这种实际真实的个体，并且保全了它。国家因此成为肯定其自身的精神，它甚至凌驾于恶之上以便使之与自己和解。"②

在这最后的评论中，黑格尔肯定恶在国家层面被调和了。在私人生活中显现为恶的东西在涉及对国家的保护和守卫时就不再是恶了。③ 在这一点上，他为马基雅维利辩护："他的祖国惨遭异族铁骑的践踏、蹂躏，失去了独立——每一个贵族，每一座城市都宣称自己是至高无上的。建立国家的唯一方式就是打碎这些特殊的主权，向它们宣告自己的唯一方式就是铲除叛逆、杀一儆百。"④同样，黑格尔在更早的几年考察德意志的无政府状况时，认为一个伟大人物凭其一己之力就能创建国家自身所必需的统一。他已隐约预见了作为历史代理者的俾斯麦。

暴政因此在历史中是必需的。但它只是一个环节，它的作用在于实现对那些行动乖张、拒绝加入整体的特殊意志的扬弃。它是一种对服从的教化，但它并不会被任意使用。它的正当辩

115

---

① *Encyclopédie*, XX, p. 246.

② *Encyclopédie*, XX, p. 246.

③ "在紧急状态下，当整体的实存受到损害时，自己知道自己的国家权力应该勇于表现出一种专横的方式。"*Realphilosophie*, XX, p. 247.

④ *Realphilosophie*, XX, p. 247.

护在于历史的必然性。当公意得到实现时，暴政就成为多余，专制君主的命运就是趋于消失，法律的统治得以实施："专制君主所施加的强制是自在之法的限制，但服从一旦奏效，这种法律就不再是一种异己的强制，它成了人人皆知的公意。"这样一来，暴政就被人民以"恐怖、可耻的名义"颠覆了，"事实上只是因为它已变得多余了"。① 如果专制君主明智的话，他就会主动放弃他的权力，但他的统治具有一种仍归属于自然的暴力。因此罗伯斯庇尔一度通过恐怖挽救了国家。然而，他的力量抛弃了他，因为必然性已经抛弃了他。专制君主就其自身也只是一个个体，当他的特殊性不再与普遍性和解时，也就是说，当他对于国家的维持来说不再必要时，他的命运就岌岌可危了。②

在现代国家中，在个体和国家之间必然会插入一个黑格尔称之为市民社会（Die bürgerliche Gesselschaft）的世界。在1805—1806年的课程中，他就明确地意识到了这个市民社会的存在，它是由那些私人的群体构成的，因为这些人从作为家庭的自然团体中分离出来，但又没有明晰地意识到对于其实体性统一，即国家的直接欲求。③ 但在我们已经研究过的早期著作中，黑格尔已经注意到在国家的精神世界和经济世界（需要的世界和财富的世界）之间的这种对立。在1821年的柏林《法哲学原理》中，市民社会将有更明晰的特征，即作为广义上的国家理念的其中

---

① *Realphilosophie*, XX, pp. 247-248.

② 因此，这些历史中的伟大人物的命运可以类比那些悲剧英雄的命运，他们是一个民族或一个时代的代表。但当他们的事业完成之后，他们就必然归于消逝。把他们推向权力的，不是对幸福的追求，而是他们的"伦常精神"（pathos）。甚至在他们自行消失时，他们也应该实现这种"伦常精神"。

③ 另外，"市民社会或资产阶级社会"这个词只出现在《法哲学原理》中。

一个环节(第一个环节是家庭；第二个环节是市民社会；第三个环节是限定意义上的国家，即意识到自身的公意)。

市民社会(Gesselschaft，而不是 Gemeinschaft)并不是其他东西，就是经济自由主义的国家。[1] 这样一种国家是政治经济学理论家们的理想，黑格尔在他的整体体系中也为它安排了一个位置，但只是一个从属的位置。"如果人们混淆了国家和市民社会，如果人们把国家用于安全、对财产和个人自由的保护[2]，那么，诸如个人利益之类的东西就成了最高的目的(人们为此才聚集起来)。由此导致的结果是，成为一个国家的成员就是一件随意的事。但是国家对个体具有一种完全不同的关系。如果国家就是客观精神，那么个体本身只有当他成为国家的成员时才具有客观性，才具有真理和道德。这样一种联合本身就是真实的内容和真实的目的，诸个体的目标就是被引向一种集体生活。他们的其他满足、他们的活动和相处的方式就是这种既作为出发点又作为结果的实体性的和普遍的行为。"[3]

在 1805 年，黑格尔就了解了亚当·斯密的作品《国民财富之性质和原因的研究》，它刚由加尔弗(Garve)译成德语出版。他把该书的内容整合到了他的政治哲学中，但他绝没有在这种经济学理论中看到一种能够自足存在的政治哲学。毋宁说，他从中清楚地看到了一个必要的环节，但是这个环节也向他显示

───────────────

[1]　简单地说就是自由主义的国家。

[2]　黑格尔明确反对的就是从市民社会出发的这种国家定义。

[3]　*Philosophie du Droit*, éd. Lasson, VI, §258, pp. 195-196. 黑格尔补充说："合理性就在于……普遍性和个体性的内在统一……从其内容来看，则在于客观自由(亦即实体性的一般意志)和主观自由(作为个体意识和寻找其特殊目的的意志)的统一。"这精确地概括了他所提出的目的。

117

了其自身的缺陷。在这个经济世界中，人们自以为自由，他工作、占有、为自己选择其职业，力图实现其个人利益。而事实上，他到处都碰到限制，他仍处在偶然性中，而不是直接地想要普遍物。他把那普遍物当作一种外在于他的严格的限制来承受。这就是为什么在这个层次上，国家仅仅显现为知性的国家和必然性的国家。市民社会是普遍物经由中介的一种实现，就像经济学家已经看到的那样，它的和谐来自一种狡计。每个人都认为他是为自己工作的，而事实上，他也为其他人提供了工作的机会。实际上被实现的东西（普遍性）和在每一种情形中被欲求的东西（特殊性）是不同的。然而，与那些经济学先驱不同，黑格尔自 1805 年以来就察觉到了这个财富世界的冷酷性。他预感到了它的各种内在矛盾，并以近乎预言的方式描写了它。① 人们在对其个人利益的追求中实现的自由仅仅是一种经验的自由，这就是为什么另一种形式的国家必然要超越这个特殊性的世界。在市民社会中，人们只是在为达到普遍性作演练，在为成为公民，为欲求普遍性本身做准备。

那么，让我们来考察一下黑格尔所预见的这个经济世界。每一个人都为他自己或他的家庭工作。劳动的分工导致了产品的交换，市场的各种法律不断地在断裂点上重建起一种和谐。这个社会的显而易见的动力是个人利益，但其内在的目的却是普遍性的实现。"有一种经由普遍性对特殊性的调停、一种辩证的运动，它使每一个人在为自己而获取、生产和享受的同时也

---

① 黑格尔在 1805 年就经济世界所提供的描述对他的那个时代来说是令人惊讶的。

为其他人的享受而获取和生产。"①这就是在现代世界中必不可免
的对自然人的严格培养："作为这个国家的公民，个体是那些以
其自身利益为目标的私人。由于他们的自身利益是透过那看起
来像是一种手段的普遍物获得的，因此他们要实现这个目标也
就只能按照普遍的方式来规定他们的知识、意志和行动，并把
自己改造为构成这一整体的链条的诸环节。在这里，理念的兴
趣在于这种过程，而没有体现在市民社会诸成员的意识之中。
它通过自然的必然性和需要的任意性把他们的自然个体性提高
到知识和意识的形式的自由和形式的普遍性，并为特殊的主体
性提供一种教养。"②在 1805 年，黑格尔已经注意到人在其中被
造就的这个经济世界的严酷性："社会（对私人来说）具有其基本
的盲目运动的性质，私人依附于这个社会，而社会则在精神上
和物质上支持着他或压制着他。"③借助他的劳动，借助技术进
步，人们看起来已经避开了自然的统治。按笛卡尔的说法，人
已经成为自然的"主人或者占有者"，而且人的这种主宰地位通
过劳动的社会分工得到了肯定。人的劳动成果已经超过了其特
殊的需要。然而，即使人们像这样通过自己的知性能力和社会
的共同力量统治了自然，他们仍然承受着另一种奴役——在他
之上构成了普遍性的这个社会本身的奴役。因此社会的必然性
取代了自然的统治和自然的必然性："个体仅仅从事着一种抽象
劳动。"④现在，黑格尔描述了这个经济世界的各种矛盾，其精确

119

---

① *Philosophie du Droit*，§ 186，éd. Lasson，Ⅵ，p. 156.
② *Philosophie du Droit*，§ 187，Ⅵ，p. 157.
③ *Realphilosophie*，ⅩⅩ，p. 231.
④ *Realphilosophie*，ⅩⅩ，p. 232.

性几乎可与那些在他之后的 19 世纪进程中的人所做的描述相媲美。

个体的特殊技艺是维持其生存的手段。他能工作得更多，但也使他的劳动价值降低。人的需要诚然是变得多样化和分化了，趣味变得细腻，只是人也因此成了一台机器："但是由于其工作的抽象特性，人也变得更加机械化，更加冷漠，更少精神性。"①尽管如此，机器还是能够取代人。"在这种情况下，他自己的操作越是变得形式化，他的工作就越是把他局限于某一点上，劳动越是自动，就越是完美。"②

需要随着时尚而改变，一些工业应该消逝，而新的工业又涌现出来，任凭那些劳作的个体受到这些对整体的运动盲然无知的偶然性的摆布。黑格尔所察觉到的这种结果是对所有"那些从事着纺织和制造业劳动的行业人员，对一种完全无关紧要、不健康和不安全、不再真正诉诸技能和个人能力的工作"的死亡判决。③ 这个阶层随后就被无休止的市场变动抛入了赤贫之中。

这样一来，现代社会至为惨烈的对立就出现了，这是市民社会固有的对立，即贫困和富裕的对立。通过一种伴随着必然性而产生的集中，一方面财富增加了，另一方面贫困也加剧了。财富像一块巨石那样把其他东西都吸引到自己一边来。"凡有的，还要加给他，"④黑格尔补充道，"这种富裕和贫

----

① *Realphilosophie*, XX, p. 232.
② *Realphilosophie*, XX, pp. 232-233.
③ *Realphilosophie*, XX, pp. 232-233.
④ 《马太福音》25：29。——译者

困之间的不平等变成了社会意志的最大断裂，变成了内在的反抗和仇恨。"①

在《法哲学原理》中，黑格尔将明确地指出市民社会的这种矛盾："如果人们迫使富有阶级直接担负起照料穷人大众的任务……那么，穷人就不用通过劳动就可保证得到生活资料；但这与市民社会的原则以及独立和自尊的个人感情相违和。相反，如果穷人的生活可通过劳动(人们为他们提供劳动机会)得到保障，生产量就会增加，并导致过剩(由于生产者自身就是消费者，这使得相应的消费者缺少)，而这种生产过剩恰恰就构成了恶，它只是使得恶加倍地增加。这里就显露出，尽管财富过剩，市民社会却还是不够富足；也就是说，市民社会在它拥有的财富中，并不占有足够的财产用以应对贫困的过度和它所产生的贱民。"②

黑格尔并没有对现代世界的这种危机提出解决方案。他只是把这种市民社会的图景与自由主义所呈现的图景相对照。由此而被人获得的自由不是真正的自由，尽管它可能是必需的。但是作为"普遍视力"(le coup d'œil universel)的国家把自己提升到了这个世界之上，成为这个世界的真理，仅仅在它之中人才是自由的。在《法哲学原理》中，黑格尔只是考虑了一种同业公会系统，该系统依据职业把不同的个体利益联合起来，为个体

① *Realphilosophie*, XX, p. 233. 在《精神现象学》中，以"撕裂的意识"为题，黑格尔描述了那个看到自己从属于物，即银子的人的反抗。该章受到狄德罗的《拉摩的侄儿》的启发；*La Phénoménologie de l'esprit*, traduction citée, tome II, pp. 77 sqq.

② *Philosophie du Droit*, §245, VI, p. 189. 市民社会因此被推动着超出它自身之外。"这种联系的扩大也提供了殖民手段。一个发达的市民社会被推向殖民，或者是以系统的方式，或者是以零散的方式。"(pp. 190-191)

准备了一个更高的任务，使个体更直接地参与到普遍性即民族精神中去。同业公会取代了家庭(后者在这个市民社会中不再起什么作用)，成为个体与国家间的真正中介。①

正是这种参与刻画了为国家而活的生命的特征。市民社会应该被超越，它不是真正的国家。"作为实体意志的行动的现实，作为这种实体意志在对普遍自我的特殊意识中达到的现实，国家就是自在自为的理性。这一实体性的统一是一个固有的、绝对的、不变的目的，在其中自由获得了它的崇高价值。因此，这个最终的目的对于个体具有一种至高的权利，后者的最高义务就是成为国家的成员。"②在此，我们又回到了在黑格尔的早期著作中已经研究过的自由理想。现代国家相当顽强地在它自身之内为理念的分裂让出位置，这样，它就把市民社会包含在自身中，承认了个体的主观自由(这种自由自基督教以来就在世界精神中成为根本性的了)，并无论如何都通过使自己与这种自由相和解而实现了它，并把它确立在存在中。黑格尔因此承认了人的理想平等，前提是这种自由不会导向一种没有真实的历史意义的世界主义。"我把自己设想为一个普遍的人，这是属于教养、属于思维(即处于普遍性形式中的特殊意识)的事，在这个层次上，所有的人都被视作同一的。人之所以为人，就因为他是人，而不因为他是犹太人、天主教徒、基督教徒、德意志人或意大利人。对普遍思维之价值的这种意识具有无限的重要性。

---

① "除家庭外，同业公会构成了现代国家的第二个根源，扎根于市民社会中的根源。""婚姻的神圣性和职业的尊严是市民社会的无组织材料围绕着转的两根枢轴。"*Philosophie du Droit*, VI, pp. 193-194.

② *Philosophie du Droit*, VI, p. 195.

只有当这种意识以世界主义的形式把自己固定下来而与国家的具体生活相对立时，它才是错误的。"①这就是为什么国家是处于行动中的具体自由的现实。"由此而来的结果是，如果没有特殊的利益、意识和意志，普遍性就没有价值，也不能实现，个体也不会作为汲汲于其利益的私人活着而没有对普遍性的欲求。它们都对这一目的有着一种有意识的活动。"②在接下来的这句话中，黑格尔概括了表达其政治哲学含义的整个合题："现代国家的原则具有这样一种能力和这样一种极端的深度，即它使主观性的原则得到贯彻，甚至达到了自主的个人特殊性的极致。与此同时，它又使这一原则返回到实体的统一并因此而在这一原则本身中维持这种统一性。"用现代的表述来说，这一合题是自由主义和全权主义的合题，这是可能的吗？这是超出我们研究范围的另外一个问题。我们只想客观地呈现黑格尔的哲学，并在我们著作的最后一部分让人感觉到黑格尔的政治思想的全部复杂性和丰富性，以及各种细微的层次。我们不能否定的是黑格尔的国家哲学对于当代的思想和生活的重要性。对我们法国人来说，不管我们应该对黑格尔的世界观做出什么样的判断，都是与对它的认识不可分的。在黑格尔看来，历史和理性彼此相互阐释，绝对者如果没有它在历史中所必然地采取的那些形式就将是"没有生命的孤魂"，而历史则是我们应该要与之和解的东西。自由就是这种和解本身。我们已经强调

123

---

①　*Philosophie du Droit*，Ⅵ，p. 169.

②　*Philosophie du Droit*，§260，Ⅵ，p. 202. 如我们所看到的，黑格尔提出的综合是实体（没有反映在其自身中的公意）和主体（"主观性"）的综合。在《精神现象学》中他就已经这样定义他的哲学："实体同时就是主体。"

过，黑格尔的自由超越了个体及私人的生活，它就是人与其命运的一种和解；而命运就是作为其表达的历史。我们的哲学家对于自由的沉思完全处于另一个层次。从笛卡尔到柏格森，我们的哲学看起来是拒绝历史的；它更多的是二元论，并在主体对其自身的反思中寻找自由。这并不是因为我们的哲学在其理性主义或神秘主义的概念中缺乏大度，而是因为它拒绝在国家中看到上帝在地上的实现，它也拒绝承认外在性和内在性的这种统一，这种统一体现在黑格尔的如下著名表达中："世界历史就是世界审判。"在黑格尔本人看来，基督教和主观性的绝对价值缓慢地被整合进了一个最初与它们敌对的系统中。绝对精神——艺术、宗教、哲学——仿佛把自己提升到了体现在诸民族历史中的世界精神之上。在1805—1806 年的课程中，以及稍后在 1807 年的《精神现象学》中，宗教不仅仅是一种民族宗教，它也是对不同于理念在历史中的客观发展的绝对者的意识。因此教会有时会悲剧性地对立于国家。① 在黑格尔的晚期哲学中，他想要思考宗教仅是感觉到的这个和解问题；我们因此被引向这样的寻思：客观精神和绝对精神——它在艺术界、宗教界和哲学思想界的不同形式中显示其自身——是什么样的关系？

但这个问题提出了对整个黑格尔体系进行解释的问题，它对于最终界定这个体系的意义来说是根本性的。然而它超出了我们的任务。此外它在我们这位哲学家那里是否始终都有一种

---

① 关于这种对立，参《法哲学原理》第 270 节（第 207 页及以下诸页）中极其有趣的分析。

完美清晰的解答也还不确定。在他的思想中持存着一种暧昧性，这是因为，主观精神和客观精神的和解，这一体系的最高综合，也许是不可能完全实现的。

附录一

从最近的研究看黑格尔的早期作品①

在很长一段时期内，人们都从黑格尔的哲学中看到一种"泛逻辑主义"。如今，已没有人再坚持这种解释。在德国最近出版的关于黑格尔的一些作品（尽管它们的旨趣极为不同）在这一点上已趋于一致。理查德·克罗纳（Richard Kroner）强调了黑格尔辩证法的非理性特征。② 尼各莱·哈特曼（Nicolaï Hartmann）则试图阐明这种辩证法的具体的和现实主义的特征。在他看来，这种辩证法不是一种外在地强加给每一种经验的先天（a priori）形式，毋宁说，它就是形成诸观念的经验本身。③ 在法国，让·华尔关于"苦恼意识"的书更有助于摧毁黑格尔作为一个纯粹逻辑学家的观念。他已经指出了黑格尔辩证法的各种情感的和宗教的起源。④

在哈特曼看来，黑格尔的辩证法极其不同于费希特的辩证法。在比较《精神现象学》与《知识学》时，他注意到，在黑格尔

---

① 本文译自 Jean Hyppolite, "Les travaux de jeunesse de Hegel d'après des ouvrages récents", *Revue de Métaphysique et de Morale*, T. 42, No. 3, 4, 1935, pp. 399-426, 549-578。——译者

② R. Kroner, *Von Kant bis Hegel*, Tübingen, 1921-1924.

③ N. Hartmann, *Die Philosophie des deutschen Idealismus*, Berlin, 1923. cf. *Sinn und Problem der Dialektik*, p. 155.

④ J. Wahl, *Le Malheur de la conscience dans la philosohie de Hegel*, Paris, 1929.

的作品中，"自我意识"并不是被预先设定的。黑格尔只局限于
主体所亲历的东西。"他像他遭遇到它们时那样一个阶段一个阶
段地描述各种现象"，"黑格尔不做演绎"。① 黑格尔辩证法的这
种独特性是极其令人震惊的。在历史学、社会学、心理学和美
学中，人们都有这样的印象：黑格尔思考的是各种对象本身，
而不是依据一个预先设想的体系来思考。如今，人们已不再想
要完全采纳黑格尔的体系了。然而，黑格尔主义依然是有生命
力的。在它那里有各种在黑格尔死后才发展起来、如今仍在发
展的趋势。② 无疑，德国观念论的最后一个宏大体系所具有的这
种令人惊讶的丰产性与其说在于体系的观念论形式，不如说在
于黑格尔的方法的独特性。

　　然而，人们更通常地把黑格尔看作一个继康德、费希特和
谢林而来的哲学家。在从《纯粹理性批判》到《知识学》，从《知
识学》到《先验唯心论》以及从这后一个体系到黑格尔的作品之
间，据说有一种必然的演进。但在康德、费希特、谢林、黑格
尔的历史谱系上，黑格尔思想的评论者们并没有达成一致。在
19 世纪中叶，哲学史家爱德华·厄德曼（Eduard Erdmann）把从
康德以来的德国思辨的发展理解为从康德的观念论到黑格尔的
观念论的必然演化③；克罗纳的近著《从康德到黑格尔》更新了
厄德曼的传统。借助许多新的细节，尤其是对黑格尔和谢林之

---

① N. Hartmann, *Die Philosophie des deutschen Idealismus*, p. 81.

② Cf. H. Glockner, "Hegelrenaissance und Neuheglianismus", revue *Logos* "Hegel-Heft", 1931.

③ E. Erdmann, *Versuch einer wissenschaftlichen Darstellung der Geschichte der neueren Philosophie*.

差异的新的洞察，克罗纳把黑格尔的作品视作从《纯粹理性批判》到《逻辑学》的一种演化的末端。然而，康德—费希特—谢林—黑格尔的历史谱系当然是极有吸引力的。它有一种迎合了精神的逻辑外观来支持它，最后也符合黑格尔本身所提供的解释。黑格尔热衷于把哲学史理解为诸观念的一种必然发展，参照其前辈的思想来界定他自己的思想，并在他自己的作品中看到了先前诸伟大作品的必然结果。黑格尔与谢林之关系的历史问题同样不会少。在何种程度上早年的黑格尔是谢林的信徒？在何种程度上他的辩证法可以通过先于他的那些哲学家的辩证法来得到说明？黑格尔和谢林在图宾根学习时就已经志同道合。他们于 1801 年在耶拿重新相遇。从 1801 年到 1807 年，黑格尔把自己看作谢林的信徒。在 1807 年的《精神现象学》"序言"中，他与谢林断裂。我们可以问，从 1801 年到 1807 年，那些对黑格尔和谢林来说是共通的观念是否具有不同的起源，这两个思想家在这个时期是否不曾给人以他们的观念完全和谐的假象？只有通过对黑格尔在图宾根、伯尔尼和法兰克福这些年中的早期作品进行研究，这个历史问题才有望得到解决。这些著作长期以来没有出版。人们只了解由罗森克洛茨和海姆出版的一些节录，尤其是 1795 年写于伯尔尼的《耶稣传》。狄尔泰首次研究了黑格尔的手稿，并试图精确地建构其思想的曲折路线。

　　狄尔泰的作品出版于 1905 年。[1] 稍后，他的学生诺尔出版了这些手稿中的大部分。[2] 他已经相当精确地标出了黑格尔的每

---

① Dilthey, *Die Jugendgeschichte Hegels*, Berlin, 1905-1921.

② Nohl, *Hegels theologische Jugendschriften*, Tübingen, 1907.

一部早期作品的日期。在此之后，对黑格尔思想演进的研究才得以可能。这些通常是片断式的早期文本解释起来颇有难度。最令人感兴趣的常常是黑格尔的笔记，那里的思想极其集中，但展开的环节却付诸阙如。为了理解它们，应该一步一步地追随黑格尔的思想步伐，注意黑格尔引进的新词及他通常赋予它们的特殊含义。提奥多·黑林(Théodore Haering)试图完成的正是这番工作。黑林想要追随黑格尔思想的整个演进过程。他已经出版了关于黑格尔从在斯图亚特的学习岁月直至到达耶拿时的早期作品的第一卷著作。① 黑林的方法是心理学和哲学的，分析了黑格尔的每一个文本及其所运用的每一个哲学术语。他宣称任何一种不立足于对黑格尔术语的细致研究之上的解释都是不可能的。② 黑格尔的语言并不独立于思想。它与之融为一体，谁想要了解前者，就应该首先研究后者。

然而，黑林结束于黑格尔思想有自主性这一结论。黑格尔受到谢林的影响甚微，他的思想朝着一个极具个性的方向，并在一个不同于谢林的领域中发展起来。当谢林专注于形而上学和自然哲学时，黑格尔感兴趣的却是各种具体的经验性的问题，是宗教历史的问题。谢林意义上的自然哲学对他来说是无关紧要的。黑格尔逐渐地并靠着他自己而上升到形而上学问题中。诚然，黑格尔和谢林作为图宾根大学的伙伴有共同的理念，但至少，他们每一个都在不同的道路上并依据各自的禀性发展了他们的理念。

---

① Th. Haering, *Hegel, sein Wollen und sein Werk*, Teubner, Leipzig, 1929.

② 关于黑格尔的术语，参科瓦雷的评注，A. Koyré, *Revue philosophique*, nov.-déc. 1931。

　　黑林的主题因此不同于狄尔泰提出的主题。狄尔泰没有放弃康德—费希特—谢林—黑格尔的谱系。黑格尔首先是康德主义者。他在伯尔尼时的《耶稣传》表明他忠实于康德的观念，忠实于他的道德观和宗教观。[1] 他有可能先是在费希特的影响下，随后是在谢林的影响下，朝着一种神秘的泛神论演进——他在法兰克福的最后一个文本《体系残篇》表明了这一点。[2] 这样，黑格尔的思想演进在狄尔泰看来就反映了德国观念论的演化。此外，狄尔泰承认，黑格尔从来就不是费希特和谢林的真正信徒。他对黑格尔早期作品的分析通常表明了黑格尔的原创性而不是他对谢林的依赖。

　　狄尔泰的工作是一个先驱者的工作。黑林的工作则在多个点上修正了它。比如，就《耶稣传》和《体系残篇》而言，黑林指出了把它们从其他文本中孤立出来是如何错误。狄尔泰的解释导致了黑格尔的演进路线上的各种断裂；与此相反，黑林的解释则让我们看到这种演进的连续性。黑格尔的思想在其形成时期的独立性已经为许多的评论者所察觉。卢西安·赫尔写道："黑格尔的演进是独立自主和完全个人的。人们在习惯上把它看作谢林思想的继续和完成，而谢林又继承和发展了费希特的学说，费希特本人又是康德思想的继承者。也许这些学说所体现出的连续相继的特征这一观念只具有一种图式化的价值，它肯定不属于真正的历史真理。"[3]让·华尔则从他的角度注意到的是："黑格尔与之相依附的谢林哲学只是以一种理智的形式使各

①　Dilthey, *Schriften*, 1921, p. 18(t. Ⅳ).

②　Dilthey, *Schriften*, 1921, p. 141.

③　Lucien Herr, *Grande Encyclopédie*, art. *Hegel*. 强调由我们所加。

种理念呈现出来，他关于宗教的沉思才最终达到了这些理念……因此，看起来黑格尔是通过他自己的反思走向构成了谢林哲学的那些结果的。"①而且，黑林没有完全否定所有那些能对黑格尔的思想产生作用的影响。他注意到了席勒尤其是荷尔德林的影响。但他强调的与其说是黑格尔与荷尔德林之间无可否认的相似性，不如说是存在于二者之间的差异。黑林承认，黑格尔读过谢林，他的术语通常就显示出这种阅读的影响。但黑林也指出了黑格尔如何改变了那些从外面来到他那里的观念，并且又以何等深刻的原创性把它们运用到那些属于他个人的问题上去。黑林相信，一直到耶拿时期，黑格尔都特别借助谢林的中介来认识费希特。他可能不够强调康德的影响。黑格尔在伯尔尼时期结束时已经读过《纯粹理性批判》。无疑，他把关于认识问题的康德式概念转移到了属于他的现象学领域。然而，我们不能否认这些概念对于黑格尔思想的重要性。② 克罗纳的书就展现了德国观念论与康德的关系，这在某些方面完善了黑林的书。

黑格尔早期思想的演进揭示了他的思想的具体的和实践的关注，他对于宗教问题的几乎独占的兴趣。在创造一个极具框架性的哲学体系（他那个时代的所有观念都在其中占有一席之地）之前，黑格尔已经研究了基督教的历史，它的各种起源及其转型。他设想了一种辩证法，这种辩证法是对呈现在整个精神

---

　　① J. Wahl, *Le Malheur de la conscience dans la philosohie de Hegel*, p. 236.

　　② 参前引的《逻各斯》(*Logos*)杂志。荷夫麦斯特(J. Hoffmeister)提到了"黑格尔早期的一个工作"(1796年，伯尔尼时期)，在那里，黑格尔依据康德勾勒了一种主观精神的哲学计划。

生活中的各种对立与和解的表达。黑格尔同时兼有生命的悲剧感与它的和谐统一感。

我们相信在此厘清这种演化的大线索是饶有趣味的。我们试图通过利用最近出版的关于这个问题的德语研究，尤其是黑林的著作来追索黑格尔在图宾根时期（1788—1793）、伯尔尼时期（1793—1796）和法兰克福时期（1797—1800）的思想的独特发展。我们看到，黑格尔从一个极其具体的问题即一种"实定宗教"的意义问题出发，越来越深地拓展其问题，并在法兰克福时期导向了一个关于所有精神现象的普遍概念，导向了一种整体生命之辩证结构的理念。在耶拿时期，他正是以这种辩证结构来与谢林的结构相比较。他一开始就觉察到了它们之间的相似性，他将采纳其朋友的哲学体系，并建构起他的一种模仿式的自然哲学。随后他意识到了他们的概念之间的深刻差异，他将恢复他的自由，并将在《精神现象学》的序言中以他自己的活的综合的观念反对谢林的绝对者，用一种只能以《精神现象学》作为导论的哲学来反对一种以对自然的直观为起源的哲学。

第一节　图宾根时期（1788—1793）

正是在图宾根的那些年，黑格尔直接受到了荷尔德林和谢林的影响。一种共同的理想把这三个朋友结合在一起，他们的通信表明了他们赋予这种青年时期的友谊的重要性以及对他们共同研究的回忆。他们共同沉浸在对古代希腊的爱中，并对法国大革命有一种同样的憧憬感。① 他们以一种更和谐也更自然的

---

① Th. Haering, *Hegel, sein Wollen und sein Werk*, pp. 35-38.

生存观来反对他们的时代，反对过于理性化的文化。席勒和卢梭的影响对这种理想至关重要。他们对希腊的爱与一种普遍的精神运动联系在一起。[①] 在卢梭的影响下，他们把希腊想象为历史的幸运民族。他们把卢梭在当代所鼓吹的那种自然的、纯朴的理想投射到古代。希腊人代表了人的各种官能的充分发展。他们以其文明的丰富和纯朴来反对现代文明的复杂和造作。谢林、荷尔德林和黑格尔三人都对当前实存的不幸、对西方诸民族的撕裂的意识有切肤之痛。他们在法国大革命中看到了一种为重建社会生活的和谐和统一所做的努力。还可以补充一点，图宾根的这些学生还受到了他们的某些同时代人尤其是赫尔德的影响。他们从一种集体的角度来思考精神生活，把它思考为一个民族的生活。他们相信像"上帝的王国""不可见的教会""爱"[②]这样一些表述所传达给他们的那些超个体的现实。

这个理想的共同体没有阻止他们中的任何一个依据其自身的性格来解释这些词。谢林是三个人中最具革命精神的；荷尔德林则是最具艺术气质的；黑格尔从他在斯图亚特[③]的最初研究岁月起就具有了深厚的古典和历史素养，他力图精确地分析他的自由理想和他的民族生命概念。他并不直接对形而上学问题感兴趣，只是根据需要采纳了康德的某些用语或卢梭的某些表

---

① G. Aspelin, *Hegels Tübinger Fragment*, Lund, 1933, p. 65. 这种向古代的回归是对卢梭观念的一种改变。

② Cf. Th. Haering, *Hegel, sein Wollen und sein Werk*, p. 37.

③ 关于在斯图亚特的学习岁月，参前引阿斯佩林（Aspelin）的书。在1888年，黑格尔撰写了一篇文章《谈古典作家的一些典型区别》（"Ueber einige charackteristische Unterschiede der alten Dichter"）。黑格尔关注古代人与现代人的争执。而社会特征尤其使感兴趣。他试图描述精神生活的不同形式（参 G. Aspelin, *Hegels Tübinger Fragment*, p. 12）。

达。从这个时期起，我们可以这样来界定使黑格尔感兴趣的具体问题：在何种条件下，一个宗教才是有活力的？基督教（就像在图宾根时呈现给他的那样）在他看来是没有生命的，外在地强加给那些被动地遭受它的诸意识，因而它们不能从中汲取它们所需的精神养料。因此，规定着他的研究对象的，是一种有活力的、能适应诸民族的当前生活的宗教的问题。这个时期的残篇①使我们了解到，黑格尔在分析宗教的概念本身，并参照一个民族的生活理想来研究它。基督教处于其反思的核心，西方诸民族的当前状态也是如此。诸现代民族已经中断了那把同一个国家的人们统一起来的纽带，它们从一个活的整体中脱离出来，这种与现实的脱离使它们受苦。基督教难道不是导致这种分裂的深层原因吗？"我们的宗教想要把人提升到其目光总是朝上的天国公民的行列，但因此他们远离了人的感情。"②黑格尔以苏格拉底对其同时代的人的行动来反对基督对他的门徒的要求。③　而且，苏格拉底像耶稣一样，在其死后没有留下任何理论作品。他直接以行动影响人，他的行动直接就是实践性的，但他并不像耶稣那样，试图打断自然的纽带。在他周围，每个人继续保持着自己的关注，保留着他们的职业或他们的情感。因此，我们在黑格尔的早期残篇中看到他对基督教的价值这一主题有一种犹豫。黑格尔以希腊人的人文主义来反对基督教的禁欲主义。

①　Nohl, *Volksreligion und Christentum*, pp. 3-29, 355-359.

②　Nohl, *Volksreligion und Christentum*, p. 27.

③　Nohl, *Volksreligion und Christentum*, pp. 32-33, 34-60. 我们在此提到的关于苏格拉底的文章实际上写于伯尔尼初期。但伯尔尼的早期文本直接接续着图宾根时期的文本。

18 世纪和启蒙运动对黑格尔的影响在这个时期是极其明显的。他力图分析的正是 18 世纪就宗教所形成的观念,黑格尔部分接受了这个观念,但在一些关键点上又摆脱了它。更后来,在《精神现象学》中,他想要对启蒙运动做一番更公允的判断,他将指出 18 世纪的否定能力并力图依据他自己的方法从中离析出其肯定性的部分。① 在图宾根,他试图规定宗教,它界于一种实定宗教(与历史、时代的各种偶然性联系在一起)与纯粹理性的宗教(18 世纪的思想家们在自然宗教的名义之下,用它来反对任何启示)之间。而且,他没有直接思考这种对立:纯粹理性的宗教与实定宗教。黑格尔在这个时期的原创性在于他设法从其他区分研究这种对立,这使他能以更具体的方式提出问题。他把主观宗教与客观宗教、一个民族的宗教与私人宗教对立起来。

"主观宗教—客观宗教"的对立无疑来自卢梭。这位法国哲学家在当时德国的影响非常大。也许他对黑格尔的影响并不比对康德的影响小。我们发现在这个时期黑格尔总是在读卢梭。② 荷尔德林依据《爱弥尔》给出了关于教育的各种准则。③ 有人说过:"卢梭在这个时代的作用就像柏格森对在实证主义的严格戒律中成长起来的那一代人的影响。"④ 主观宗教类似于萨瓦本堂神甫的宗教,是一种心灵的宗教;它并不指向人的理智,而是指

---

① *Phénoménologie*, éd Bolland, 1907, p. 482 et suivantes. 该章的诸多段落恢复了我们在黑格尔的早期残篇中所发现的那种思想。

② Cf. Th. Haering, *Hegel, sein Wollen und sein Werk*, p. 52.

③ G. Aspelin, *Hegels Tübinger Fragment*, p. 32.

④ G. Aspelin, *Hegels Tübinger Fragment*, p. 33. 卢梭没有被黑格尔理解为一个纯粹的个人主义者;他在公意与众意之间所做的区分看来对黑格尔的思想有一种重要的影响。

向灵魂的所有官能。它之所以能激发最伟大的行动，是因为它作用于整个的人，而不是只作用于其单一的理性。客观宗教则与此不同，它只是一套学说体系，或是一些没有生命的实践戒律。"客观宗教让自己对大脑下达命运，把自己弄成一个体系，呈现在某本书上，通过话语向他人传播；主观宗教则只在情感和行动中外化自己。"①无论在当时还是更后来，与客观宗教相对的主观宗教的价值在黑格尔看来都绝不意味着它构成了一种神秘主义。他强调这种宗教的本质特征在于对行动的激发。这是与单纯的神学相对立的宗教的生活。然而，从图宾根时期起，黑格尔的思辨的标志性特征就在于对人之统一性（灵魂和身体、感性和理性）的直观。他反对一种抽象的神学，也开始质疑康德的形式主义和严格戒律。他的论证不属于哲学的范畴。他没有建立一个形而上学的体系，而是利用了哲学家们的思辨来支持他那本质上是实践的和具体的问题。借助康德的术语，黑格尔看起来采纳了《实践理性批判》的作者的主要观念：与各种感性动机相对的道德法的独立性和完全理性化的自律概念。但这些在哲学上有效的概念在他看来不再适用于经验领域："经验性的基本原则是爱，它与理性有某种类似的东西。"②随着对其哲学的未来发展的一种预感，黑格尔在爱中看到了人遗忘自己并在他人中重新发现自己的功能。爱是诸精神的纽带。当康德把感性的所有动机归结为一种单一的因素，即自爱或对其自身好运的

---

①　Nohl, *Hegels theologische Jugendschriften*, p.6.

②　Nohl, *Hegels theologische Jugendschriften*, p.18. 阿斯佩林说（*Hegels Tübinger Fragment*, p.46），黑格尔借助康德来思考，借助卢梭来感觉。然而，在这个时期，黑格尔并不总是借助康德来思考。

探求时，黑格尔则开始思考理性在感性中的内在性。① 对他来说，爱就是感性的象征。黑格尔并没有直接攻击康德的理性，而是攻击了 18 世纪的理性，后者是人与人之间分离的原则，而不是统一的原则。如同卢梭那样，情感对他来说并不意味着一种非理性的现实，而是一种超个体的现实。在这个意义上，爱对他来说就是一种理性的经验显现，超越了个体理性。后来黑格尔在"知性"（Verstand）和"理性"（Vernunft）之间所做的区分，以及对康德的个体原子主义的批判已经萌芽于此。思考主观宗教，对黑格尔来说，就是思考一种与人的整个生命、人的感性和人的理性、人的意见和人的行动都休戚相关的宗教，这种宗教不会打破他的统一性，也不会中断他与其他人的联系。

爱的观念、超个体的力量，把我们引向了在黑格尔那里极其重要的另一种区分——他就是依据这种区分来评判基督教的。这就是他在私人宗教和民族宗教之间确立的区分。在图宾根那些年，黑格尔、荷尔德林和谢林的共同理想有一种明显的社会特征。然而，对这三人中的每一个来说，个体都不应失去他在共同体中的自由。从一开始，这个问题对黑格尔来说就是根本性的；他始终坚持这一点，直至他出版最后一部哲学作品《法哲学原理》。黑格尔总是试图调和社会的统一与个体的自由。② 民族精神（Volksgeist）、民族灵魂（Seele des Volkes）、民族天才

---

① Nohl, *Hegels theologische Jugendschriften*, p. 4. 在黑格尔看来，理性穿透了各种情感的复合组织，就像光线穿透了自然的对象那样。

② Cf. Th. Haering, *Hegel*, *sein Wollen und sein Werk*, p. 105. 黑林更强调了人格性对黑格尔的价值。在他看来，黑格尔从来就不是神秘主义者，以至会完全牺牲人格。在黑格尔看来，上帝与人的各种关系都是人格性的。

（Genius des Volkes）这些概念在黑格尔那里或多或少受到卢梭、赫尔德和孟德斯鸠的启发。"民族精神"的表达类似于孟德斯鸠的"法的精神"。像孟德斯鸠那样，黑格尔强调了每一个民族的特殊的精神现实。每个活的民族都有一种个体精神。但在孟德斯鸠那里，民族精神似乎尤其是气候、政体等各种不同因素影响的结果；在黑格尔这里，民族精神则是一种原始的精神统一体，而不是各种力量组合的结果。宗教则是这种精神统一体的最重要的显现之一。黑格尔因此把个人宗教与民族宗教对立起来。他的这种区分也许来自对门德尔松的《耶路撒冷》一书的阅读①，但这一区分并不符合国家宗教与私人宗教的区分。那么，当黑格尔明确地将私人宗教对立于一个自由而有活力的民族宗教时，他想说什么呢？很难找出这两种宗教生活的表达借以互相对立的基本特征。基督教尤其是一种私人宗教。它只针对人。这是卢梭在他的《社会契约论》中关于公民宗教那一章的观点。与此相反，古希腊的宗教是一种民族宗教。民族宗教和私人宗教就像希腊主义与基督教那样彼此对立，黑格尔宣称要反对他那个时代的个人主义，他有时把这种个人主义的源头归到基督教那里。"罗马人和希腊人与他们的祖国形成了一个不可分的整体……祖国充实了加图的整个灵魂。"②私人宗教通常与道德一致，民族宗教则首先寄托于想象和感性。此外，在这两极之间的对立并不是绝对的。正如对黑格尔来说，世界主义可能适合

---

①　也许还能在塞姆勒（Semler）那里找到这种区分的源头，但黑格尔改造了它。在塞姆勒那里，这种区分有一种个人主义的感觉。黑林（Hegel, sein Wollen und sein Werk, p. 86）看起来合理地强调了卢梭关于"公民宗教"那一章的影响。

②　Nohl, Hegels theologische Jugendschriften, p. 72.

个体，而诸民族则依然保留不同的精神现实，同样，私人宗教能够与民族宗教相调和。阿斯佩林在他对黑格尔的图宾根岁月的研究中，暗示了在私人宗教与黑格尔后来在他的《客观精神的哲学》中所说的 Moralität（道德）亦即康德意义上的道德之间的某些一致性。同样，他也看到了民族宗教与黑格尔后来所说的 Sittlichkeit（伦理，它如此明显地对立于康德的道德）之间的某些关系。确实，在私人宗教与民族宗教之间看起来有着与后来在道德与伦理之间同样的各种对立和协调关系。①

黑格尔一方面在面对客观宗教时赋予了主观宗教以极大的价值，另一方面又在面对私人宗教时赋予了民族宗教以极大的价值，这种双重观点把我们引向了实定宗教的意义这个基本问题。在图宾根的残篇中，黑格尔并没有明确地提出这个问题，但他的整个思想已经朝着它汇聚。在 18 世纪如此遭人轻视的宗教的"实定性"是各种不可还原为纯粹理性的历史给定性的集合。黑格尔沉思的具体的和历史的特征引导他去接受宗教的某些实定形式。他承认崇拜、各种仪式、想象对于宗教生活的必要性。事实上，情感在宗教生活中扮演着重要的角色。"让我们更多地反思一下情感的产生、它们的历史起源、它们的作用，它们于是就肯定地失去了这种神圣性的光环，而人们习惯于透过这种光环来看待它们。"②黑格尔反对这样一种腐蚀性的思考：民族宗教首先与崇拜和各种仪式、历史、某种不可或缺的实定性联系

① G. Aspelin, *Hegels Tübinger Fragment*, p. 52.

② Nohl, *Hegels theologische Jugendschriften*, p. 18.

在一起。① 黑格尔因此反对启蒙运动的批判。尽管这些仪式、这些历史的给定性能够外在地强加给宗教意识。在这个意义上，一种实定宗教是一种权威宗教，它扎根于过去，但它在当下是没有生命的。② 一个宗教的实定性因此有两个极其不同的含义：它的对立于理智抽象性的具体特征，或它的对立于宗教生活的权威性和外在性的特征。从那以后，黑格尔要为自己提出的问题，将明确地是一种实定的或历史的宗教的精神价值问题。一个宗教的"实定因素"实际上与特殊的历史给定物重叠在一起，黑格尔的反思正指向历史，犹太教的历史、耶稣的历史、基督教的产生和发展的历史。就像在他的整个哲学中那样，黑格尔从现在起试图把思想与历史联系起来，如他将来某一天在《精神现象学》中所写的那样："没有什么被认识了的东西不是在经验中的，或者说(这说的是同一回事)，没有什么被认识了的东西作为被感觉到的真理、内在被启示的永恒者、信仰的神圣对象，不是被呈现在人的经验中的。"③

第二节　伯尔尼时期(1793—1796)

在伯尔尼做家庭教师的那几年，黑格尔以不同的方式设想了一个宗教中的实定因素的意义问题。他不想为了纯粹理性的要求而牺牲历史的实存。他过于尊重经验的给予物而不想使它

---

① "任何应该成为一种民族宗教的宗教都应该如此地被构成，以使它占据想象力的核心。"Nohl, *Hegels theologische Jugendschriften*, p. 23.

② 对这些历史的和宗教的关系来说，莱辛的"纳坦"看来对黑格尔有极其重要的影响。

③ *Phénoménologie*, p. 741.

们消融在一个关于宗教的普遍概念中。如果"实定性"在历史中意味着一种真实的在场、一种被实际体验的经验，那它也意味着在思想与其对象之间，在信徒与其上帝之间的一种彻底分离。历史执行了一种改造——黑格尔将越来越深刻地理解这种改造的必要性。它把对意识来说是活生生的东西改造为一种死亡的残余、一种客观的给予物。在伯尔尼这个时期，耶稣的生平问题对黑格尔来说成了这种改造的历史的和宗教的问题。主观的和活生生的东西如何成为客观的和没有生命的？如何具体地阐述从一种自由的宗教向一种权威的宗教这种过渡？这个时期的所有文本都提出了这个问题并试图通过对耶稣生平和基督教起源的研究来解决它。黑格尔青年时期的著作提供了对于耶稣生平的不同解释。包含着这个名字，写于1795年5月9日至7月27日的这篇文章①夹杂于其他一些文本之中，它们同样探讨耶稣的生平。为了理解黑格尔的思想，不应将其中之一从这些文本的整体中孤立出来。黑林已经指出将其中之一（即标题为《耶稣传》的文本）脱离那些直接先于它或后于它的文本来予以解释的不合理。在诺尔出版黑格尔的书之前，许多只通过罗森克朗茨和海姆的片段了解这个文本的评论者就恰恰因此而弄错了黑格尔的思想。

　　黑格尔对耶稣生平及基督教的起源所做的研究把他引向了对一个精神环节的极其值得注意的分析，通过与《精神现象学》中的环节作类比，我们已经可以将这个环节称作苦恼意识。看

---

　　①　即《耶稣传》，参黑格尔：《黑格尔早期著作集》（上），贺麟等译，商务印书馆，1997年。——译者

起来，黑格尔以一种新的方式提出了他的宗教问题。在伯尔尼时期末，他已经对属于诸精神现象的辩证结构有了一种直观。黑林强调了黑格尔的思想在该时期所经历的发展的自主性。黑格尔的阅读（依据某些残篇的提示可以得到确定）、他与谢林的通信，都向我们指出了他的研究的原初方向。他的阅读着重于历史学和神学。除了莱辛和门德尔松的著作外，他还读了吉本、孟德斯鸠、休谟的《英国史》。在神学性的著作中，我们尤其应该提到斯宾诺莎的《神学政治论》、费希特的《试评一切天启》，特别是康德的《单纯理性限度内的宗教》。在伯尔尼时期末，他研读了《纯粹理性批判》。[①] 最近由荷夫麦斯特在《逻各斯》杂志上发表的一篇文章实际上告诉我们，在 1796 年，黑格尔以人类学家而非哲学家的身份重新思考了由康德在他的理论作品中提出的心理学问题。[②] 因此，黑格尔到 1796 年才读《纯粹理性批判》，该书使他感兴趣的不是严格哲学的一面。他所关注的问题首先是具体的和历史的。海姆注意到了该时期在黑格尔的思想与谢林的思想之间的各种差异，并比狄尔泰更为准确地指出了这一点。他写道："黑格尔自身的研究指向一个（比谢林）更具体更实践的问题。"[③]在分析这两个朋友的通信时，他清楚地指出了他们在方向上的不同。谢林已经放弃了神学的研究；形而上学成了他的排他性关注。他从康德进到费希特并试图通过斯宾诺

---

　　① 　黑格尔可能已经读了《知识学》(*Doctrine de la Science*)。黑林不相信这一点(Th. Haering, *Hegel, sein Wollen und sein Werk*, pp. 210-214)。唯一可依据的文本是 1795 年 8 月 30 日写给谢林的信，在信中，黑格尔谈到了想要研读费希特的打算(Versuch Fichtes Grundlage zu studiren)。黑林相信他只是通过谢林才了解了费希特。

　　② 　*Logos* "Hegel-Heft", 1931, p. 141.

　　③ 　Haym, *Hegel und seine Zeit*, Berlin, 1857, p. 44.

莎来理解费希特。黑格尔则依然颇为远离这些思辨。① 在黑格尔写给谢林的信中，他总是把理论的问题转变成实践的问题。当谢林把自己的书《论自我作为哲学的本原》送给黑格尔时，黑格尔通过表明何者是他所关心的问题来回应，他把他的问题归结如下："如何从上帝走向自我(sich nähern)?"②诚然，在这封信的末尾，黑格尔讨论了把实体概念用于绝对自我的可能性。与狄尔泰相反，黑林不相信黑格尔在此采取了一种原创性的哲学立场。③ 对于费希特和谢林，黑格尔只保留了在理论与实践之间的一种对立感，但这种区别在他那里比在这两位哲学家那里有一种更具体的意义。就像他在 1800 年写信给谢林时那样，他意识到了自己的思想步伐，不是从一种形而上学的立场出发，而是从人性的低级需要，"从人类意识的最谦卑的向往"出发。在1795 年 1 月的信后，谢林自己也意识到了他们道路的差异，他看来已经放弃了通信。他到 1796 年 6 月才写信。这最后一封信没有谈到哲学。④ 因此，我们有理由认为黑格尔在伯尔尼时期的思想演变就像此前一样是独特的。不可能把这个时期的黑格尔界定为费希特或谢林的学生。他的研究对象是一个具体的对象：宗教史。但他研究这种历史旨在从中剥离有关人性的结论。逐渐地，他靠着自己上升到了新的问题，即对意识的一种人类学分析。我们想要指出这种演化标志着黑格尔在这整个时期的思想的连续性。

---

① Haym, *Hegel und seine Zeit*, p. 44.
② 1795 年 8 月 30 日的信。
③ Th. Haering, *Hegel, sein Wollen und sein Werk*, p. 208.
④ Th. Haering, *Hegel, sein Wollen und sein Werk*, p. 210.

* * *

关于在伯尔尼时期黑格尔思想的连续性的观点与某些评论者的解释对立，他们在《耶稣传》中看到了黑格尔的思想演进中有一个康德时期的证据。对狄尔泰来说，这个文本设定了黑格尔对启蒙运动和康德的完全信从。① 在此，黑林的方法在我们看来是特别中肯的。他通过评论每一个文本，尽可能地忠实于年代顺序来研究黑格尔思想的演进。他得出了这个结论：《耶稣传》并不标志着黑格尔思想演进的任何断裂。

先于《耶稣传》的一些文本（它们接续图宾根时期的文本）使我们得以相当精确地界定黑格尔面对康德时的立场。在这个时期，他读了《单纯理性限度内的宗教》。他向康德借鉴了在他看来适合于他自己思想的东西，向自己指出那些他应该避免的观点。对他来说，基本的问题始终是宗教中的诸实定因素的意义。当康德试图把诸宗教还原为一种纯粹理性的宗教并最终等同于纯粹的道德时，黑格尔则试图确定诸宗教现象的特殊性。他忠实于历史的现实，承认非理性因素在一种宗教中的地位。他只想划定一种与道德相符的实定性和另一种偏离了道德、理性应予以驳难的实定性的范围。宗教中有一部分是超出了理性的。② 但他没有成功地确定在理性因素与非理性因素之间的边界。对黑格尔来说，问题是实践性的和非哲学的；不应在这个文本中寻找关于非理性因素之本质的讨论，而只有对宗教意识之本质的一些提示、例证和反思。私人宗教（极其接近于道德）和民族

① Dilthey, *Schriften*, 1921, p. 19.
② Nohl, *Hegels theologische Jugendschriften*, p. 54 et suiv. 参黑林的讨论, p. 169。

宗教(与一种超个体的现实的实存联系在一起)的区分肯定在他的思想中起过作用。民族宗教实际上设定了一些非理性的因素，但它们能与这种民族的生活相一致，或者说它们能强加给这种生活，而又没有完全被它同化。我们处在对好的实定性与坏的实定性进行区分的路上，但只是在路上。黑格尔只有通过以分离来反对统一才能确定他的思想。好的实定性将被看作一种活的、整体的辩证环节的实定性；坏的实定性则是孤立的、抽离了整体的实定性，是一个非整合的环节。黑格尔的思想在这一点上已经清楚：非理性的因素不可能从民族宗教中完全消失。通过考察道德与宗教的关系，我们将得出同样的结论。无疑，宗教不可能与道德相矛盾：它设定了道德，但仍与之不同。我们可以这样来转达黑格尔的思想：在宗教中有一种在道德中不具有的在场感、一种直接性。黑格尔写道："我们也明显地在柏拉图、色诺芬、卢梭的著作中发现耶稣的道德观念。"①这种等同是必然的，因为宗教应该吸收道德。但在耶稣的生平和教诲中有比哲学家们的道德观念更多的东西。即此可见研究耶稣生平的重要性："耶稣的故事具有极大的实践重要性。"②康德已经在耶稣中看到了一种德性理想的人格化体现。黑格尔重申了这个观点，但我们有理由问，他是否是从一种不同的意义来解释它的。耶稣既是一个感性的现实，又是一个理念。在他身上，两种矛盾的因素统一在一起，康德只是把感性的因素归入普遍性之中，黑格尔则思考了它们的综合。在耶稣那里，实际上有统一于绝

---

① Nohl, *Hegels theologische Jugendschriften*, p. 59.

② Nohl, *Hegels theologische Jugendschriften*, p. 56.

对中的实定的和历史的因素。他是有限性与个体性的一种活的
统一体。当我们了解黑格尔思想的后来发展时，我们就禁不住
会在这里看到未来的"概念"（Begriff）观、这种将成为黑格尔辩
证法灵魂的活的综合的一个预示。让·华尔公正地强调了基督
的人格对黑格尔所具有的意义，强调了他的中介者角色。借助
基督这个概念，我们就处在了黑格尔辩证法的源头。我们在此
同时发现了黑格尔的方法。他利用了康德的一种思想，但原创
性地改变了它。当涉及一个像黑格尔这样的思想家时，影响的
问题是极难确定的——他从思想觉醒时起，就沿着一个明确的
方向前行，他利用其他人的思想只是为了把它转化到他自己的
思想世界中去。

　　为了能够解释他的《耶稣传》，概述一下他早期的文本是不
可或缺的。在伯尔尼时期的《耶稣传》中，我们发现了一种依据
康德进行的对基督生平和教诲的解释。耶稣的伟大之处不在于
他的传说，而在于他简单的人的生活。黑格尔避免了一切非理
性的东西、一切奇迹。耶稣想要停留在人类能力的限度内；他
拒绝哗众取宠，而宁愿追随"永恒的道德律"①。黑格尔描述了
基督与实定性的冲突悲剧、他与法利赛人的斗争。耶稣反对任
何的不纯粹性，他体现了一种纯粹理性的信念。"当你们把教会
的戒律和国家的法律奉为最高的法律时，你们就不认识人的尊
严以及在人之中、自己产生出尊严观的那种能力。"②如同索福克
勒斯的安提戈涅，基督以永恒的自然法来反对实定法。黑格尔

---

① Nohl, *Hegels theologische Jugendschriften*, p. 77.
② Nohl, *Hegels theologische Jugendschriften*, p. 89.

在这篇文章中塑造的基督的观念证明了康德的宗教观。黑格尔完全接受了康德的道德主义即道德与宗教的同一吗？在这个例子中，应该承认在黑格尔的思想中有一种突然的断裂。因为先前的文本向我们表明，黑格尔实际上对康德的学说有严肃的保留意见，在《耶稣传》之后所写的《基督宗教的实定性》①不再从同样的角度设想基督的人格。但在指责黑格尔的矛盾之前，应该先问一下，这个文本会不会引起其他猜测。即使我们考虑那被吸收到康德的道德学说中的基督的教诲并不是绝对的——因为在《耶稣传》中那些不属于康德的观念（对统一的向往、欢乐、爱）开始与康德的观念混杂在一起②，《耶稣传》与先前或此后的文本的矛盾也一样是明显的，应该承认这个作品中的康德回音。这就是为什么黑林为了保持黑格尔思想的一致性而提出了一种在我们看来合理的假设。③黑格尔把收集耶稣生平的材料看得极为重要。另一方面，他读了康德的著作。在这种情况下，我们难道不能把《耶稣传》看作黑格尔的一种经验吗？他投身于一种预备性的工作，并写下了我们所拥有且把它看作对其思想的忠实表达的《耶稣传》。不应忘记，这些残篇都是简短的笔记。他并不打算出版它们，只是用来确定他的思想。此外，他总是说，基督教是一种私人宗教，在这个意义上，它极其接近于一种纯粹的道德。因此，依据康德来介绍基督的教诲是可能的，并且，

①　Nohl, *Hegels theologische Jugendschriften*, p. 139.

②　J. Wahl, *Le Malheur de la conscience dans la philosohie de Hegel*, p. 52. 参黑格尔的文本，见 Nohl, *Hegels theologische Jugendschriften*, pp. 90, 98, 100, 127.

③　Th. Haering, *Hegel, sein Wollen und sein Werk*, p. 186. 黑林指出，即使在这个作品中，黑格尔也不同于康德，他阐述了这种实定性的各种根源。人性之极端恶的观念在此是缺乏的（p. 193）。

在进入他自己的问题之前，黑格尔撰写了这篇预备性的文章。这种经验有助于他证明私人宗教与民族宗教的关系。让·华尔合理地强调了黑格尔在一种纯粹社会性的宗教观与一种纯粹个人主义的宗教观之间的犹豫。黑格尔说："耶稣对个人说话。他只是为了个人的教化和完善才这样做的。基督教是一种私人宗教……"但还是在这里，有两种倾向并存于黑格尔的心中；他最终以其传道的个体性指责耶稣。① 就我们而言，我们相信从图宾根那几年以来，社会性的倾向占了上风。而且，黑格尔想要把私人宗教整合到民族宗教中去。耶稣生平的悲剧通常来自这种个体性与社会性的冲突。

继《耶稣传》之后的那些文本探讨的是同样的问题。黑格尔想要规定基督宗教的实定性的根源。尽管在《耶稣传》中，基督对立于所有的实定性，现在他却成了宗教中的实定因素的根源本身。黑格尔试图复活历史上的基督，而不再是依据康德的道德观来解释耶稣的生平。耶稣不再只是一种观念的反映，他的个性始终是不可还原的，正是基督的人格本身提供了实定的材料。他教诲，他行动；他谈到他自己的个性②，并行奇迹。③ 他把自己呈现为神圣意志的代表。信徒们对基督个性的依恋是基督宗教被改造为一种实定宗教的根源。信徒与基督之间最初活生生的关系变成了一种外在的联系。基督教的变化在历史中完成。对基督的信仰成了对一种陌异的并总是分离的现实的信仰。基督教就其本性而言就不可能是民族宗教。它的扩张使一种内

① J. Wahl, "Hegel et Kierkegaard", *Revue Philosophique*, déc. 1931, p. 377.

② Nohl, *Hegels theologische Jugendschriften*, p. 158.

③ Nohl, *Hegels theologische Jugendschriften*, p. 160.

在改造成为必需；改变信仰的趋势导致了对原始宗教中自由特征的压制。① 教会成了一个国家，而不是一个友爱的社团。黑格尔的理想看来是整个民族的自由宗教，而不是靠强制树立起来的国家宗教。在原始基督教中的活的实定性必然成为一种死的实定性。在黑格尔看来，这里有一种取决于事物本性的改变。较之《耶稣传》，他在后一个文本②中更坚持一种历史发展的观念。对后来那些他写于伯尔尼时期的其中一个残篇的分析能使我们更好地理解他的思想走向了何种道路。我们将看到，在从异教向基督教过渡的历史中，黑格尔是如何发现他关于苦恼意识的分析的诸因素的。

* * *

基督教从一种活生生的信仰到一种权威宗教的内在演变，不是黑格尔为自己提出的唯一问题。在 1796 年关于实定性的撰述之后，他问自己，古代的文明如何会让位于基督教的文明。从他的思想觉醒时起，黑格尔就致力于比较这两个世界：异教世界和基督教世界。然而，基督教的各种起源与异教的衰落混合在一起。这两种生命观在历史中其实是前后相继的。古代文明消失了，而现代文明则以基督教的名义，以一种极其远离耶稣的纯粹教诲的基督教的名义诞生了。这一历史的革命对黑格尔来说是同时代人的灵魂中最深刻的一次革命的标志。从一种实存形式到另一种实存形式，从一种精神的统治到另一种精神的统治是精神史的特征。黑格尔的第一部伟大的哲学作品《精神

---

①　Nohl, *Hegels theologische Jugendschriften*, p. 180.

②　即《基督宗教的实定性》。——译者

现象学》就将描述人类经验的这些演变。黑格尔从 1796 年起就研究从古代世界向基督教的过渡，在 1807 年的《精神现象学》中有其位置。古代世界的衰落变成了意识透过斯多葛主义和怀疑主义的演化，和古代城邦在罗马专制主义下的社会改造。① 基督教的产生则由苦恼意识的演化代表，这种苦恼意识的起源与犹太教密不可分，其终结则与欧洲的中世纪重叠在一起。② 黑格尔在其思想形成期提出的所有历史问题在《精神现象学》中都成了意识的诸环节，成了人类经验的伟大旅程中的诸阶段。黑格尔不同于谢林，他从对历史的反思，从对宗教意识的具体分析出发。但他不止步于历史事件。这个事件只是一个例子，是他想要阐述的意识状态的符号。我们在此将要分析的重要文本清楚地表明了黑格尔为超越历史阐述中的纯粹叙述所做的这种努力。③ 从异教到基督教的过渡问题对黑格尔来说是以具体的形式提出上帝与人之关系问题的契机。

在人的意识中何种改变说明了这种过渡？黑格尔利用了他对孟德斯鸠和吉本的解读，而狄尔泰则强调了黑格尔之解决的原创性。④ 黑格尔没有追随现代理性的标准来评判古代世界。异教的荒谬（它的宗教观、多神论）在他看来是可疑的。古代公民不像我们这样看待世界，希腊人的实践理性与我们的实践理性不具有同样的需求。⑤ 实践理性的假定——上帝存在和灵魂不

---

① *Phénoménologie*, éd Bolland, pp. 164 et 424.
② *Phénoménologie*, p. 175.
③ Nohl, *Hegels theologische Jugendschriften*, pp. 219–232.
④ Dilthey, *Schriften*, 1921, p. 29.
⑤ Nohl, *Hegels theologische Jugendschriften*, p. 219.

朽——不属于一种永恒的实践理性的要求。它们只是描述了人类进化的一种给定状态。为了理解异教，应该恢复一种古代人的灵魂。希腊人和罗马人的宗教不是一种独立于古代人的生活的形而上体系。它与公民的生活本身、战争、制度和风尚联系在一起。"希腊和罗马的宗教是一种自由民族的宗教。"① 自由变为专制导致了宗教的衰亡。当自由成为一个空洞的字眼时，它对人的灵魂就失去了力量。"如果河流枯竭了，渔民还要渔网做什么呢?"② 而且，在黑格尔看来，古代人的自由并不是个体的任性的自由。它对应于在各部分与整体之间、个体与他的城邦之间的一种和谐关系。"(对古代的公民来说,)他的祖国、国家的观念是不可见的现实，是他为之劳心竭力的最崇高的事物，是他的世界的终极目的。"③ 黑格尔在此重拾了孟德斯鸠的一种分析，在后者看来，共和政体的原则是德性，不是个体道德意义上的，而是公民道德意义上的。④ 在黑格尔看来，这种刻画了古代人生活的公民对于城邦的融入就是自由。个人没有被牺牲，因为他的永恒现实与城邦融为一体。借用《精神现象学》的一个表述，国家是个人的实体。在个人与社会之间的纽带不是一种外在的任意的纽带。加图不理解柏拉图为什么会提出灵魂不朽的问题：这种生活难道不够吗? 个体通过参与到实体之中，永恒性难道不就内在于个体之中了吗? 古代世界的神法不是一种外在的法律，它在人们的内心深处支配着人——想想安提戈涅

---

① Nohl, *Hegels theologische Jugendschriften*, p. 221.
② Nohl, *Hegels theologische Jugendschriften*, p. 221.
③ Nohl, *Hegels theologische Jugendschriften*, p. 222.
④ Nohl, *Hegels theologische Jugendschriften*, p. 223.

就知道了。但古代社会的伟大是它衰落的开始。由于失去了这种自由，即参与到一个比他更大的现实中去，个人就退回到了他自身中。社会实体碎裂为众多彼此对立并相互限制的原子。"作为其活动的产物的国家的形象就从公民的灵魂中消失了。"①从那以后，国家与个人的关系就完全改变了性质。每个公民都把国家看作一种陌生的权力，他至多是为了他的利益才利用它。他要求国家保护和保障他的财产："每个人都为自己或被迫为另一个个体而工作。"②在黑格尔看来，最好地刻画了这种孤立状态的是权利，是与财产权和在财产所有者之间的关系有关的各种规定的总体。在《精神现象学》关于"法权状态"（Rechtzustand）的那一节中，黑格尔将重新探讨这同一个主题。"公民权仅仅提供了一种财产安全的权利，而财产充斥了他的整个世界。"③

　　个人被封闭于他自身中。由于只发现他自己，他就不再发现自己，精神生活的本质逃离了他。他脱离了他的深层存在，把这个深层存在外在地投射到一个遥远的上帝中，一个世界的彼岸："君主专制主义驱除了地上之人的精神，自由的丧失引导人们把他的永恒，他的绝对放在上帝之中。时代的不幸促使人们在天上去寻找并得到他的幸福。上帝的客观性是与人的奴役和同等速度的腐化携手并行的。"④基督教借助这种精神状态发展起来。人与上帝之间的关系在人的意识中被确立起来。这是一种分离而非统一的关系，在这种关系中，人是纯粹被动的。黑

① Nohl, *Hegels theologische Jugendschriften*, p. 223.
② Nohl, *Hegels theologische Jugendschriften*, p. 223.
③ Nohl, *Hegels theologische Jugendschriften*, p. 213.
④ Nohl, *Hegels theologische Jugendschriften*, p. 227.

格尔的文本为我们提供了对这种状态的出色分析——这已经是苦恼意识。黑格尔在此运用了 Zerissenheit 表述分裂意识。

当个体孤立于绝对者，在他的信仰中保持为完全被动时，这种意识就出现在历史中。绝对者是全体，人则什么也不是。精神在他自身中所包含的不变者被投射到精神之外的一个彼岸。理想在面对人的思想时无限后退。犹太人的弥赛亚观念传达了一种类似的精神状态，一种东方的想象从其丰富的色彩中所表现出来的被动的期待。基督教为人带来了一个精确地表达时代之不幸的概念。正是人性恶的观念"在这个腐败堕落、在道德上自轻自贱的人类中得到了证明"①。人的意识把自己看作偶然的，靠自己是没有力量的，它的绝对者对它来说是陌异的。正如黑格尔所说，宗教是精神状态的"镜像"。一种没有自由、被动地顺从现实的分裂意识"把自己反映"在关于神性的一种客观概念中。② 公民们的兴趣只是保护其生命、财产的利己主义的兴趣，但这种兴趣本身可以通过任何一种活动显现出来："当野蛮人到来时，安布罗瓦兹（Ambroise）和民众只是祷告而不是在城墙上战斗。"③这个文本中没有提到耶稣。问题不在于基督本身的宗教，而在于实定的基督教。人们匍匐于其上帝面前，他们害怕死亡并把全部希望寄托于自身之外。

狄尔泰已经在这个文本中看到了对一种历史发展的出色研

---

① Nohl, *Hegels theologische Jugendschriften*, p. 227.

② 在这个时期，上帝应该完全地停止成为一种主观的现实；他完全成了一个对象……人变成一个非我，他的神性是另一个非我。（Nohl, *Hegels theologische Jugendschriften*, p. 228.）

③ Nohl, *Hegels theologische Jugendschriften*, p. 229.

究和对苦恼意识的分析雏形。黑林从中发现了黑格尔对宗教问题的一种新立场,并注意到一个新术语的运用。[1] 在此之前,黑格尔尤其是从宗教和外在于它的东西的一种活的关系出发研究宗教的:宗教情感的心理本性,宗教与国家、宗教与一般社会的关系。现在,宗教对他来说则是人与上帝的关系。尽管这种关系从来没有在他的思考中完全缺席,但从这时起,宗教在他看来是通过这种关系的性质而被定义的。人如何向自己表象上帝,以及他与上帝、他与某个特定的历史时代的关系?在这种关系的两端之间有一种活的统一性吗,抑或它们是彼此对立的?从贬义上来讲的实定宗教是这样一种宗教:人面对他的上帝是被动的,他把上帝设想为完全外在于他的。[2] 一种活的宗教则是这样一种宗教,在其中,人和上帝形成了一个整体,上帝不是对他们之分离的存在的否定。在法兰克福时期,黑格尔将对这种活的关系、这种对立和这种辩证的调和有一种明确的意识。在伯尔尼时期末,对分裂意识、对人和上帝之间的对立的分析在他看来是本质现象。但为了使一种真正活生生的统一得以实现,最深刻的对立无疑是必要的。活的宗教和实定宗教这双重概念在黑格尔看来就成了相对人而言的上帝的两种存在方式的观念:作为纯粹客观性的上帝,或作为主观性的上帝。黑格尔向费希特和谢林借来了这些术语,但它们只是使黑格尔向自己提出的具体问题以一种哲学的语言转述出来。然而,在这种改变中有一种比术语上的简单变换更深刻的意义。通过以费希特

---

① Th. Haering, *Hegel, sein Wollen und sein Werk*, p. 249.

② 理论的关系(在费希特的意义上);但在接受费希特和谢林的术语时,黑格尔改变了它的意义。

的语言将人与上帝对立，黑格尔走上了拓展其问题的道路。从此以后，他将借助这种对立来思考整个的精神生活。人与上帝的关系则只是精神关系的一个特别值得注意的例子。人与人的关系、人与其城邦的关系、爱者与被爱者的关系将基于同一种模式来思考。最后，黑格尔将试图以同一种方式去思考人与自然、主体与客体的关系。他因此重新回到了关于认识的哲学问题，尽管他一开始并不是由此出发的。为了思考这些关系，知性概念将不再适合。应该将反思的概念改造为活的概念，或者就像黑格尔所说的，改造为动态的和实践的概念（dynamische Verstandesbegriffen）。① 重要的是指出，尽管黑格尔在此采用了哲学术语，但他也是在一种具体的意义上并基于他的历史和宗教关注而使用它的。我们刚刚分析过的文本同样标志着黑格尔思想的一种演变。他为自己提出的问题具有一种普遍的形式。诸精神现象的一种辩证结构的观念已隐隐可见。

* * *

正是在同一个时期，黑格尔读了《纯粹理性批判》和《判断力批判》。荷夫麦斯特已经在《逻各斯》上发表了一篇可确定为写于1796 年的文章，它构成了一种主观精神哲学的初稿。黑格尔利用了康德关于人文学科的分类，但他是作为人类学家重新思考了先验心理学。他想要像康德那样超越经验心理学和理性心理学。② 他想要把握的不仅仅是灵魂各种力量的活的整体，还有主体的深度。"他试图照亮灵魂阴暗的深处"③，诸表象在意识入

---

① Nohl, *Hegels theologische Jugendschriften*, p. 226, 227.
② *Logos* "Hegel-Heft", 1931, p. 151.
③ *Logos* "Hegel-Heft", 1931, p. 148.

口处的显现，它们活生生的转型。因此，在1796年的这个文本中，黑格尔感兴趣的是记忆问题，是诸表象的保存，是为自己表象事物的灵魂的活动。[1] 荷夫麦斯特试图合理地推测除了康德之外的其他影响。他提到了特滕斯（Tetens）和莱因霍尔德[2]：特滕斯的《关于人之本性的哲学论文》出版于1777年，莱因霍尔德的《诸表象的官能理论》出版于1789年。特滕斯特别强调了灵魂的无意识活动，他把灵魂看作活动和激情的统一体。黑格尔也是这样做的。在他对宗教意识的研究中，他想要确定在它与上帝的关系上，灵魂在何种程度上是被动的，在何种程度上又是主动的。黑格尔把握了人类本性的活的统一。他通过对语言和灵魂诸病态现象的研究而完成了先验心理学，分析了睡眠和各种梦境，梦游症、癫狂和各种预感。[3] 我们知道，这些研究在黑格尔的"主观精神"哲学中处于什么样的位置。这个早期的研究已经描画了一个人类学的计划：我们可以极为公正地说，黑格尔的体系哲学只是对一种人类学形而上学的深化。[4]

对这个文本的认识有助于我们完善黑林的论题中的某些观点。应该比他自己所做的更加强调自伯尔尼末期起康德的影响。我们将要研究的法兰克福时期的文本将会清楚地表明这种影响。只是黑格尔始终将康德的概念（如复多的综合）转移到他自己的具体领域中。这个文本同样向我们显示从1796年起，黑格尔在哪一点上扩大了他为自己提出的问题。宗教总是处于其兴趣的

---

① *Logos* "Hegel-Heft", 1931, p. 155.
② *Logos* "Hegel-Heft", 1931, p. 149.
③ *Logos* "Hegel-Heft", 1931, p. 163.
④ 施瓦茨（Justin Schwarz）的文章，转引自 Hoffmeister, *Logos*, p. 147。

中心。然而，他开始就其自身去研究所有的精神现象，想要通向一个关于精神生活的更为普遍的概念。

第三节　法兰克福岁月(1797—1800)

黑格尔于 1796 年离开伯尔尼，在家中简短逗留后出发前往法兰克福，在那里他作为家庭教师度过了四年。看来他对在那里的这几年没有留下美好的回忆，后来他谈到了"法兰克福的不幸"。这几年对于他的思想的发展来说相当重要。"分裂意识"[①]、在整个精神生活中的对立和调和这些概念都是他的思考中的基本主题。对这个时期的主要文本《基督教的精神及其命运》，应该再补充一些简短的片段(诺尔书中的第 7 个到第 13 个研究)，这其中的某些片段也许写于伯尔尼末期，但就其内容来说，可直接归入法兰克福的大片段之列。[②] 最后，应该给予法兰克福时的最后一个作品，即写于 1800 年的《体系残篇》以特殊的位置。正是通过这部作品，黑格尔的思想形成岁月趋于结束。很难精确地确定黑格尔在这四年中所受到的各种影响。对康德的阅读不可能不影响到他。另一方面，我们能谈论谢林对这个时期的黑格尔思想的直接作用吗? 黑林对这个主题的讨论在我们看来是可信的。黑格尔肯定读了他的朋友的作品，尤其是《关于独断主义和批判主义的哲学通信》和《一种自然哲学的理念》，

　　[①] 《拉摩的侄儿》(*Neveu de Rameau*)已经为黑格尔提供了关于分裂意识的一个例子，他在《精神现象学》中将谈到它。黑林比较了黑格尔的心理学研究与陀思妥耶夫斯基的研究，参 Th. Haering, *Hegel，sein Wollen und sein Werk*, p. 325。

　　[②] Nohl, *Hegels theologische Jugendschriften*, pp. 243 et suiv.

但这些阅读似乎并没有对他产生太深的影响。① 黑格尔思考的方向极其不同于谢林，谢林接近于本体论的问题。在谢林关于独断主义和批判主义的论著中，他通向了一个将同时吞没主体和客体的绝对者概念。理智直观是把握这个绝对者的工具，它是对诸差异的否定。还有什么比这种思辨更远离黑格尔的思想呢?②

诚然，我们可以考虑以谢林的方法去比较诸精神现象的辩证结构，就像黑格尔彼时所设想的那样，但二者的差异要大于相似。黑格尔将在精神生活中发现他的结构，而谢林则在对自然的直观中借鉴了这种结构。在黑格尔那里，各种具体的对立在一个活的整体中得到了调和。这个整体对他来说是一个经验的现实，比如说，一个民族或一个一般的社会团体。③ 在这个意义上，整体和理念对黑格尔来说是等价的。因此，调和对他来说不是对诸差异的一种压制。他想要同时思考质的多样性和总体性，谢林意义上的"同一"观念显然是极其远离他的思想的。在我们看来，比谢林对黑格尔的影响更重要的是席勒和荷尔德林在这个时期的影响。黑林指出了这一点，但他也许还没有如其所应然的那样强调它。黑林有理由认为柏拉图和《约翰福音》对黑格尔有重要影响；然而，看起来还应该在席勒、荷尔德林和黑格尔之间做些比较。关于生命、爱、命运的辩证观念对于

① 关于从 1797 年至 1798 年谢林与黑格尔的关系，参黑林的讨论 Th. Haering, *Hegel, sein Wollen und sein Werk*, p. 413。

② 在费希特和谢林那里，主体和客体的问题首先是在涉及认识问题时被提出的。在黑格尔这里则不是这样。

③ Nohl, *Hegels theologische Jugendschriften*, p. 223.

荷尔德林、黑格尔，有时还有席勒都是一样的。黑格尔和荷尔德林的友谊极其深厚。在 1796 年，黑格尔就把他的题为《埃琉西斯》(*Eleusis*) 的诗献给荷尔德林。① 荷尔德林有一种极为接近黑格尔思想的命运观念。对他来说，任何生命也是一个对立与调和的问题。②

况且，即使我们承认这些影响的现实，黑格尔从 1797 年至 1800 年的思想发展也是在一种极其个人的意义上展开的。命运、爱对他来说就是内在于所有精神现象的一种辩证结构的范例。我们将试图追随他的思想的运动：一方面是他在犹太人的例子中的"分裂意识"的概念；另一方面是他关于"爱中的调和"的概念，他关于"命运"的观念和在基督生命中的"精神"观念。

＊　＊　＊

诺尔给法兰克福的主要文本加了"基督教的精神及其命运"这个标题，在黑林看来并不是特别贴切。③ 它不符合在这个作品中所表达出来的新观念。诚然它也涉及了基督教的命运（从一种活的宗教到一种实定宗教的必然转变），但更重要的是命运的观念，是基督通过爱来与命运调和的观念。希腊人的命运思想遇到了基督教的爱的观念，被黑格尔如此长时间地对立起来的希腊主义和基督教现在被统一起来了。④ 黑林所建议的标题"爱的

---

① 关于《埃琉西斯》一诗，参黑林的讨论 Th. Haering, *Hegel, sein Wollen und sein Werk*, p. 201。黑林指出，这首诗不应该从一种神秘的泛神论的意义上来解释。一行具有泛神论意义的诗就是被黑格尔自己划掉的。

② 荷尔德林在牺牲中看到了个体与宇宙的综合。这种观念可以在黑格尔关于基督的命运的观念中发现。在诗人的精神中的内在斗争的观念，一种丰盛和返回自身的观念在荷尔德林那里都是本质性的。

③ Th. Haering, *Hegel, sein Wollen und sein Werk*, pp. 430 – 431.

④ 荷尔德林的影响应该对这种统一起了很大的作用。

基督精神与命运"具有适于表达这种新观念的优点。① 黑格尔的文本符合一种巨大的历史发展：在犹太人的世界里，人在律法之下受到奴役支配；基督临现，他为了调和人与其命运才到来；基督宗教的必然转型。② 黑格尔在这部作品中重述了他所有早先的作品。在认识到所有精神现象的一种辩证结构的同时，他也设想了各种对立与和解在历史进程中的一种可能的发展。诸精神现象的历史发展和辩证结构是两个并不总是严格地协调一致的观念。按黑林的表述，在此有两种辩证思想的形式，即垂直辩证法和水平辩证法。更后来，逻辑辩证法和历史辩证法也并不总是相符的。在法兰克福期间，历史的发展对黑格尔来说似乎存在着某种可能的偶然性。按黑林的看法，这种偶然性在黑格尔的历史哲学中从来就没有完全地消失。③

在黑格尔看来，犹太民族是意识分裂的最完美的历史典范。在伯尔尼时期的《耶稣传》中，在关于实定性的论文中，犹太教被看作一种奴隶的宗教。但在法兰克福时期，黑格尔对犹太人的意识所做的分析更为精确。这个民族有一种命运。黑格尔在同一个概念下，通过一种独特的直觉思考了这个民族的特殊本性及它的发展的历史形势。犹太史的所有事件都传达出同一种心态，同一种在人与人之间、在犹太民族与其他民族之间、在人与自然之间、在人与上帝之间的分离状态。诺亚、亚伯拉罕、摩西等诸先知在黑格尔看来都是同样具体的例子。黑格尔特别

---

① Th. Haering, *Hegel, sein Wollen und sein Werk*, p. 433.

② Nohl, *Hegels theologische Jugendschriften*, pp. 243-260 et 261-342.

③ Th. Haering, *Hegel, sein Wollen und sein Werk*, p. 48.

予以研究的亚伯拉罕的故事①为我们提供了他关于犹太意识的一个范例。亚伯拉罕的生活是一种飘荡在大地之上的人的生活，他打断了在童年时期将他与自然统一在一起的纽带："他放弃了他年轻时被置于其中的与自然的关系。"②犹太人在面对自然时所体验到的情感极其不同于希腊人的情感（大洪水的故事）。希腊人与自然契合无间，他们在自然中看到了它的美。犹太人则有一种对世界的敌视感。"亚伯拉罕漂泊其上的大地是一片不确定的荒原；天空则是一片无限的穹苍。"③亚伯拉罕同时中断了把整个民族统一起来的纽带。"他是大地上的一个异乡者。"在这种孤立状态中，他只"为他自己"而存在。黑格尔在此第一次在专门意义上运用的"自为"（für sich）这个表述说明了亚伯拉罕所处的孤立状态。但黑格尔还没有区分这种孤立的客观性（后来，他将说"自在"[an sich]）与主体"自为"地采取的意识（它标志着在发展中的一种进步）。亚伯拉罕既在客观上，又出于他自己的意识而孤立于自然。他只思考他自己的安全。在这种孤立状态中，对死亡的恐惧就是"诸主人的主人"。亚伯拉罕把他的命运与他的安全对立起来。这个命运的观念是第一个具体的综合。在现在和未来，亚伯拉罕都将其生活的周遭环境的多样性与他的安全对立起来。他的目光越过了当下，这样一来，所有这些周遭环境都形成了一个整体，黑格尔借用康德的术语和思想写作一

---

①　有两个关于亚伯拉罕的研究，第一个参 Nohl, *Hegels theologische Jugendschriften*, p. 368，第二个确定的文本，参 Nohl, *Hegels theologische Jugendschriften*, p. 267。

②　Nohl, *Hegels theologische Jugendschriften*, p. 368.

③　Nohl, *Hegels theologische Jugendschriften*, p. 369. 黑格尔开始把原始的统一体设想为一种应该脱离的状态。继分裂而来的统一则是一种更深刻的统一。

个"多样性的综合"。亚伯拉罕相对于自身，把世界设想为一个全体、一个对象、一个自然。但这个整体只是被思想的，它作为单纯反思的产物而对立于主体。在黑格尔看来，这里已经有一种更深刻的反思，一种"在自身中的反思"①。一个活的统一体的真正反映就是它向自己显现自身。相反，亚伯拉罕在此把他的命运当作一种陌异的力量与自己对立，他在自己与这种命运之间寻求一种调和（Vereinigung）。这种调和只可能是上帝，这个上帝保护了亚伯拉罕并能守护他："亚伯拉罕的生命形象就是他的上帝，后者指引了他的道路和他的行动，向他做出了对未来的允诺。"②亚伯拉罕的意识的辩证结构来自他与他的命运的对立，以及这两者之间的和解，即亚伯拉罕的上帝。只是这种和解是不完美的，亚伯拉罕的上帝是一个遥远的上帝、一个"主人"。亚伯拉罕不知道爱。然而，这个上帝比起摩西的上帝来说要更接近人，后者只是作为立法者以火和云的形式向民众显现。当希腊的民族通过赋予万物以生气而与之和解时，犹太民族却将任何思想都变成了物。上帝对他们来说是无限的对象，是总是与人分离的实体。在犹太人的分裂意识中，上帝是主人，是全能者，而人则是奴隶，是只能作为非我而被思考的偶然的现实。人在上帝面前簌簌发抖；但这个作为无限对象被纯粹思考的上帝本身也是一个非我。③

---

① Nohl, *Hegels theologische Jugendschriften*, p. 370.
② Nohl, *Hegels theologische Jugendschriften*, p. 369.
③ 人与上帝的一种活生生的关系不可能是一种人在其中只是被动的关系。黑格尔没有牺牲个体，后者自己应该去接近（sich nähern）上帝。我们将注意这种表述的积极形式。

* * *

犹太民族是一个奴隶民族。它忍受一种陌异于它的法律。它不断地害怕惩罚，死亡总是作为一种对可能的失误的惩罚而向它显现出来。法律实际上不是基于它的精神，而是基于其字面意思被施行的。它的所有细枝末节都很重要，犹太人生活在不能履行所有为它规定的法律细务的无尽恐惧中。法律的观念因此在他们看来是与奴役的观念联系在一起的，他们屈服于主人所加的重轭之下。主人和奴隶是黑格尔用来思考犹太教的两个历史范畴。这种"主-奴"关系符合单纯的合法性：犹太民族只懂得合法性，而不懂得道德性。[1] 在对精神生活的这两种表达之间有什么样的关系？表面上，道德实质性地不同于法律。它抓住的是精神而不是字面意思。在道德的情形中，法律不是由一个主人加强给一个奴隶的，而是由人自己内在地在他自身之中树立起来的。"服从人们自己给自己确立的法律就是自由。"正是理性为个体自己确立了一种普遍的法律；通过使自己服从这种法律，个体就是真正自由的。在伯尔尼时期，黑格尔已经试图把从犹太教到基督教的过渡思考为从合法性向道德性的过渡。他已经在耶稣中看到了一个用道德义务来取代外在强制的人。在法兰克福时期的文本中，耶稣的教诲不仅与犹太人的法律对立，而且还与康德意义上的道德对立。耶稣以一种爱的学说取代了任何法律。通过恢复他在图宾根时期的其中一个观念，黑格尔在爱中看到了一种优于犹太律法和道德法的精神现实。他

---

[1] 　Nohl, *Hegels theologische Jugendschriften*, pp. 264-265. 我们将在这里看到一系列精神现象：法律、道德、爱。从一个向另一个的前进是一种运动，我们将在《精神现象学》中不断地重新发现这种运动。

把登山宝训看作对法律(不管人们赋予这个词以什么特殊的含义)的一个批评。①

从合法性过渡到道德性,在黑格尔看来,人们只是改变了主人。"从前,他有一个外在于他的主人",现在,"他把他的主人放在自身中"②,他因此同时是他自己的奴隶。主人与奴隶的关系从一种外在的关系被改变成了一种内在的关系。这种从外在性向内在性的过渡将在《精神现象学》中被黑格尔重新采纳。当他研究自我意识时,他将首先把主奴关系思考为两个自我意识,即主人的意识和奴隶的意识的关系。随后,他将追随这种关系借以出现在人的内部本身中的发展。③ 为什么道德法意味着人的一种奴役呢?黑格尔的回答是明确的:这是因为它设定了在人之中的一种分离,一种不可还原的二元论。人在他自身中有各种倾向,一种对立于法律的特殊现实。法律始终是一种普遍的东西。"对于特殊者来说,普遍者必然地、永远地是一个陌异的、客观的东西。"普遍者只会与有感觉、有欲望,始终作为一个个体的真实的人相矛盾。人在面对法律时把自己体验为特殊者。他应该成为他所不是者。黑格尔对法律的批评还要更加精确。法律是一个概念,亦是一种抽象;借此它使自己对立于实在,就像可能性对立于存在。④ 它必然通过一种精确传达了这种对立的"应然"(Sollen)来表达自己。那应该存在的东西并不能

---

① Nohl, *Hegels theologische Jugendschriften*, p. 366.

② Nohl, *Hegels theologische Jugendschriften*, p. 366.

③ *Phénoménologie*, éd. Bolland, p. 164. 斯多葛的自由是"没有生命的实现"(Erfüllung des Lebens)的纯粹可能性;Erfüllung=πλήρωμα(完成)。

④ Nohl, *Hegels theologische Jugendschriften*, p. 366.

够存在或并不存在。① "法律是对立在概念中的调和……概念处于实在的对立面。"②思考法律，就是思考实在的彼岸，这在同时就是谴责自己没有理解实在本身。通过批评他唤作坏的概念的东西，黑格尔力图去创造一种与现实吻合的新的概念观。在他将来的哲学中，"概念"（Begriff）将不像康德的概念那样是一个抽象的普遍者，而是一种质料和形式得以在其中实现其综合的具体。以现实的充实性反对空洞的可能性，这看来就是当黑格尔撰写法兰克福时期的这个文本时为自己提出的目标。在这个时期他尤其在贬义上使用"概念"这个术语。它对应一种分离状态。正像我们已经指出的，贬义上的"概念"与动态的和实践性的概念对立。我们将看到，耶稣自身的业绩恰恰就是这种普遍性与特殊性的活的综合，这种作为生命或爱的样式的德性概念。黑格尔因此能够重新思考他的实定宗教的概念，他关于分离而非统一的信仰概念。③ 在一个特别抽象的文本《信仰与存在》（*Glauben und Sein*）④中，他原则上指出和解与存在是等价的。实定信仰设定了一种它实际上不能实现的和解。和解应该存在（sein soll），但它没有存在。⑤ 真实的和解应该是活动和生活。被思考而非被体验的和解则是反思的产物。比如说，实践理性的设定表达的就不是实际存在的东西，而是应然存在者。与这种坏的和解相对应的只是一种孤立的存在，因为和解和存在是

---

① Nohl, *Hegels theologische Jugendschriften*, pp. 364-368.

② Nohl, *Hegels theologische Jugendschriften*, p. 364.

③ 在这个时期，"信仰"（Glauben）一词对黑格尔有两种含义：实定的信仰或从精神到精神的活的信仰。

④ Nohl, *Hegels theologische Jugendschriften*, p. 382.

⑤ Nohl, *Hegels theologische Jugendschriften*, p. 383.

等价的。① 这样，我们就碰到了独立性，存在的绝对者。这种过渡的一般意义显现如下：正如黑格尔在这个时期批判了康德所构建的法律概念，同样，他也批评了实践理性的各种设定和任何一种"应然"的观念。更明确地说，他反对任何一种只作为被思考的事物而非作为被实际实现的事物的解决之道。在批判康德的同时，这里也隐含着黑格尔后来所指向的对费希特的批判的萌芽。黑格尔将指责费希特没有实际地解决我与非我之间的对立，只是无限地推迟对问题的解决，并按其所不应该是的那样来思考世界，以便人们能如其所应然的来行事。在爱的精神现象中，黑格尔找到了全盘解决诸对立的指导观念。基督宗教在他看来就是爱的宗教。

* * *

诸对立在整个精神生活的意义上刻画了这个时期的黑格尔的思想。上帝与人的基本对立不是唯一可能的对立。感性与理性、存在与应然存在、主人与奴隶②都相互对立。思想总是为调和这些对立而努力，但它所导向的综合却听任冲突继续存在。各种理论的解决不能产生一种活的综合。也许应该在黑格尔的这种思想中看到费希特和谢林的一种直接影响的结果。对诸对立的"实践"解决的观念直接来自费希特。黑格尔可能是通过谢林的中介才了解费希特的，也有可能直接读了《知识学》。黑林拒绝后一种假设。他认为，黑格尔在他设想理论与实践之间的

---

① Nohl, *Hegels theologische Jugendschriften*, pp. 383-384.
② Nohl, *Hegels theologische Jugendschriften*, p. 390. 黑格尔一则关于主人和奴隶的笔记包含了《精神现象学》整个辩证法的萌芽。

这种对立时还没有读过《知识学》。看来可以确定的是黑格尔对费希特的形而上学主题的具体利用。他从他同时代的哲学家那里借鉴了客观性、理论、反思、实践这些概念，并把它们运用到属于他的具体问题中。在黑林看来，黑格尔思想的独立性尤其体现在他的综合概念中：一种活的综合在自身中包含了诸对立而没有否定它们。从法兰克福时期开始，黑格尔就开始在三重意义上使用"扬弃"（Aufheben）这个词：否定、保留、提升。①各种理论的综合可以在一种新的综合中被提升、被否定。因此从这个时期起，在黑格尔那里有两个综合的概念：一个是两个对立面的综合，它摧毁了它们的对立；另一个是诸环节及其作为对立面的统一体的综合。"直到《逻辑学》，我们才看到辩证的统一，即'概念'或黑格尔特殊意义上的理念，部分被理解为两个对立环节的活的统一，部分被理解为诸环节及其统一体的综合。"②

黑格尔正是在这个意义上理解宗教中的实定性。坏的实定性是脱离了整体的一个孤立的环节，它应该被整合到这个整体中以便成为一种活的实定性。在黑格尔看来，爱就是一个关于综合的具体例子。无疑，在此应该注意荷尔德林和浪漫派的直接影响，但也应该像黑林所做的那样强调柏拉图尤其是在《基督教的精神及其命运》中常被引用的《约翰福音》的影响。爱对黑格尔来说是任何一种活的关系的模式。而理论的综合甚至实践活动的综合则并不是这样。"理论的综合完全是客观的，完全对立于主体。实践活动则否定（vernichtet）对象，它是完全主观的，

---

①　在黑格尔看来，Aufheben 这个词与福音书中的 πλήρωμα 有关。但在 Aufheben 中还多了一种否定的意思。

②　Th. Haering, *Hegel*, *sein Wollen und sein Werk*, p. 350.

只有在爱中，才有与对象的统一。"①事实上，在黑格尔那里，有两种实践的统一概念。在一种实践的统一中，主体封闭于自身中，他否定了对象，但另一方（le divers）在他之外继续存在，不再与他发生联系；在另一种实践的统一中，一种活的关系在主体与对象之间建立起来。黑格尔在此以爱来规定这种活的关系。黑格尔尤其想到了上帝与人的关系，但逐渐地，他开始从认识问题上去思考主体与对象的关系。他不是像费希特和谢林那样从这种关系出发，他是通过其思想的发展才被引向这种关系的。"我们可以命名每一种和解，主体与对象的和解、自由与自然的和解、实在性与可能性的和解。"②任何一种真实的和解只有当主体仍完全是主体，对象仍完全是对象时才是可能的。黑格尔力图去思考它们的活的关系，就像它们在爱中呈现的那样：在爱中，对象只是我们自身本质的回音。这看起来是个经验的问题，其中涉及的与其说是费希特意义上的自我和非我，不如说是个体的主体与具体的对象。

爱是整体性的范例，在那里，对象没有被否定（vernichten），而是被保留和升华（aufheben）了。在爱中，在表面上有两个存在，但"被爱者并不对立于我们，他与我们的本质融为一体，我们在他那里看到我们自己，然而，他不是我们，这是我们不能把握的奇迹。"③爱是这样一种关系，在爱中，对象不再纯粹是对象，主体不再纯粹是主体，我们超越了主观性和客观性的范畴。

---

① Nohl, *Hegels theologische Jugendschriften*, p. 376.

② Nohl, *Hegels theologische Jugendschriften*, p. 376.

③ Nohl, *Hegels theologische Jugendschriften*, p. 379.

黑格尔引用了莎士比亚戏剧中朱丽叶的话："我付出得越多，我拥有得越多。"他补充说："当他寻找无限的差异却发现了无限的和解时，爱就在所有思想、所有灵魂多样性的交流中达到了生命的这种丰富性。"①不可能以知性或理性去思考爱。爱是情感，不是一种个体的、纯粹主观的情感，而是在由爱的团体所构成的这种真实的整体中的一种实存方式。爱是情感和行动，被动性和主动性。"从关于爱的黑格尔哲学到关于概念的黑格尔哲学，道路并不像人们一开始所设想的那样漫长。"②在寻求理解爱的精神现象时，黑格尔看到了知性的无能。爱不是被思考的，而是被实际体验的；它不可能是一种像"启蒙运动"③的思想那样的抽象人道主义。黑格尔创造了"概念"以便理性地解释这种非理性的现实。

情感可以接受一种辩证的发展。爱联结了诸有情生命，死物只能分离诸存在者。作为有死者，爱人是两个；作为有情生命，他们则是一。但爱应该克服分离。在爱中有一种对终有一死者的升华、"扬弃"。同样地，羞耻不是对爱的怕，而是对爱中有限制的东西，对肉体的怕，这种怕是某种反过来被爱否定的否定。④ 在此仿佛有一种通过更高的否定对否定的胜利，这种更高的否定已经让人想到了在黑格尔的未来辩证法结构中的否定之否定。爱人们既被统一又被分离。爱之活的综合是这种分

---

① Nohl, *Hegels theologische Jugendschriften*, p. 380.

② J. Wahl, *Le Malheur de la conscience dans la philosohie de Hegel*, p. 227.

③ Nohl, *Hegels theologische Jugendschriften*, p. 323.

④ 爱比怕更坚强，它不怕它自己的怕。Nohl, *Hegels theologische Jugendschriften*, p. 380.

离和这种统一的统一。爱人们因分离而被统一。"在爱中，生命
发现自己仿佛化身为二却又自身统一在一起。"①黑格尔的思想是
对其辩证法的未来概念的一种惊人的预示；"概念"将是它的发
展。通过"在自身中的一种反思"他将化身为二并自己反对自己，
随后他将重新回到统一。但这种最后的统一不同于最初的统一，
它将是丰盛和充实，而最初的统一则是贫乏和直接。生命从席
勒意义上的素朴性出发，它自我发展，它自我形成（Bildung），随
后回到自身，饱含其整个的发展过程。② 因为"真理是全体"。
爱只有通过它所设定的和它成功地予以克服的分离才真正是它
自己。生命应该自行发展，也就是说，它在其完满中重新发现
自己之前应先自己反对自己。这样，爱的情感连同其可能的反
思，亦即对分离和对立的意识并回到自身，就刚好是黑格尔的
"概念"这个概念的萌芽：黑林让人注意到，黑格尔关于发展、
形成和回到统一的这个文本已经指出了《精神现象学》的计划。③
通过爱，黑格尔思考了诸自我意识的可能的分离及其统一。自
我分离，自我与其他意识对立，随后在自身中重新发现自己，
这就是整个精神生命的运动。在同一些宗教影响的作用下，帕
斯卡尔已经说过："作为肢体，这就是只有通过身体的精神并为
了身体才有生命，才有存在和运动。分离的肢体，由于不再看
到它之所属的身体，就只是一个垂死的和受苦的存在。然而，
它相信自己是一个整体，由于没有看到自己依附于一个身体，
它就相信它只依靠自己，并想要使自己成为中心，成为身体本

---

① Nohl, *Hegels theologische Jugendschriften*, p. 379.
② Nohl, *Hegels theologische Jugendschriften*, p. 372.
③ Th. Haering, *Hegel, sein Wollen und sein Werk*, p. 374.

身。它在自身中没有生命的本源，即使它确实感到它不是身体，但由于它看不到自己只是身体的一个肢节，它就只是使自己误入歧途，并吃惊地陷入其存在的不确定之中。最后，当它开始认识自己，它就好像是回到自己家中，并且也只是为了身体才爱自己。"①借着这种爱的思想，黑格尔在法兰克福时期努力去理解基督的整个教诲。所有精神的关系在他看来都可以通过一种精神的观念得到解释，这种精神的观念就像他在《精神现象学》中所说的，是自我与我们的融合。②

* * *

耶稣显现为犹太民族的反题。他开始向人们宣讲在任何律法之上的爱。律法在爱中消失，爱赋予律法以它的现实性和充实性。爱是 πλήρωμα τοῦ νόμου（律法的完成）。③ 黑格尔关于"扬弃"的思想在此等同于基督教关于 πλήρωμα（完成）的思想。登山宝训是这种新学说的表达。律法在生命之下，它与倾向对立，爱则是律法与倾向的合题。"对立的两项，义务与倾向在爱的各种变体中、在各种德性中获得了它们的和解。"④这种积极的爱统一了存在与应然存在（Sein-Sollen）。黑格尔后来谈到的正是这种现实（Wirklichkeit），它是合理的。思考律法，就是思考实在性与可能性的分离。当人们置自己于律法的观点中时，他就不能理解恕罪的学说。耶稣向人们宣讲因爱而得救。人的何种意识

---

①　Pascal（éd. Brunschvicg），section VII, *pensée* 493.

②　*Phénoménologie*, p. 154.

③　Nohl, *Hegels theologische Jugendschriften*, p. 368.

④　Nohl, *Hegels theologische Jugendschriften*, p. 377；在此似乎有一种斯宾诺莎的影响。

结构使得对过恶的赦免成为可能呢？一切过恶都违背了律法，永恒地违背了它。惩罚不能消除过恶，因为律法始终是与行动相分离的。上帝自己不能调和罪犯和律法，这两者永远是彼此外在的。①惩罚必然来自对律法的违反，但有罪的人总是把律法看作一种异己的东西，是外在地强加给他的。惩罚—律法—行动只能被客观地思考。②要使一种恕罪得以可能，需要为自己表象那以受苦的形式出现、总是必要的惩罚，不是把它表象为一种律法的结果，而仿佛是体现在命运中的。那犯罪的人受到了"伤害"却不知道那就是他自己的生命。现在，这个生命对他来说已变得异己，就像班柯的幽灵对麦克白来说那样。人与他自身分离，而命运就是他发现的面对着他的这种异己的现实。依靠律法，任何和解都是不可能的，因为律法仍是一种与特殊性对立的抽象普遍性。行动本身被设想为对其他可能行动的排除。但命运是一种个体的现实，是特殊与普遍的综合。"被表象为命运的惩罚具有一种完全不同的性质。在命运中，惩罚是一种异己的力量，一种个别的东西，在那里，普遍性和特殊性获得了和解。"③正是犯罪者本人把自己与他的命运对立："命运是对像一个敌人那样的对自己的意识。"④在命运面前，人不像面对律法那样是纯粹被动的；他能表现出勇气，与他的敌人战斗，他也能与之和解。⑤伴随着个体的现实，和解是可能的。爱可以造就

① Nohl, *Hegels theologische Jugendschriften*, p. 381.
② Nohl, *Hegels theologische Jugendschriften*, p. 379.
③ Nohl, *Hegels theologische Jugendschriften*, p. 380.
④ Nohl, *Hegels theologische Jugendschriften*, p. 383.
⑤ Nohl, *Hegels theologische Jugendschriften*, p. 380.

这种使人与其命运重新统一的奇迹，尽管爱对律法什么也不能做。基督所宣扬的这种和解不是对苦难的取消。耶稣没有消除世界的痛苦，他是来解释它，证成它，通过把它整合进生命的整体而赋予它以活力："对过恶的宽恕不是对惩罚的取消，也不是对坏意识的压制，而是被爱调和了的生命。"①一个伤口可以自行愈合，因此犯罪者也能与他自己和解，他可以通过受苦而痊愈。这种受苦还不是爱，而是对爱的憧憬，一种痊愈的开始。我们在黑格尔这种关于命运的思考中重新发现了整个生命的律法。有罪者与他自己分离，他的命运向他显现为异己的，随后他通过受苦和爱回到了自身中。但由此而构成的新的统一不同于在行动之前的原始的统一。简言之，对过恶的宽恕对黑格尔来说是整个生命的辩证结构的一个特例。②任何行动都会引起分离。"只有石头才是无辜的。"③任何精神性的存在都应该反对他的命运并与之和解，这种能在席勒和荷尔德林那里发现的命运观使黑格尔得以察觉整个生命的必然发展。"任何受苦都是一种罪责感。"④结果是，"最大的无辜并非不可与最大的罪相兼容"⑤。把自己提升到整个命运之上的基督经历了最为悲剧性的命运。他像"优美的灵魂"那样，在面对命运时是被动性和主动性的综合。"生活不忠诚于他，但他没有不忠诚于生活。"⑥耶稣

---

① Nohl, *Hegels theologische Jugendschriften*, p. 383.

② "命运有一个比惩罚更广阔的场域。"Nohl, *Hegels theologische Jugendschriften*, p. 383.

③ *Phénoménologie*, "Die Schuld und das Schicksal", pp. 408–434.

④ Nohl, *Hegels theologische Jugendschriften*, p. 383.

⑤ Nohl, *Hegels theologische Jugendschriften*, p. 386.

⑥ Nohl, *Hegels theologische Jugendschriften*, p. 386.

被他的民族误解，与整个世界对立，却通过爱来与他的命运和解。基督由此就被高举到了希腊的悲剧英雄之上。

他为世界带来了一种新的精神概念。精神（Geist）的概念对黑格尔来说，就像对谢林和荷尔德林那样，是与生命的概念联系在一起的。耶稣以一种活生生的联系，即精神与精神的联系取代了上帝与人之间的分离，而这种分离正是犹太教的特征。犹太人把上帝视作主人，而人就是奴隶。耶稣则将他与上帝的关系比作儿子与父亲的关系。在这种关系中的统一不是一个概念。耶稣既是上帝又不同于上帝。在一个活的民族中，每个个体都是整体的民族，然而又是个体。黑格尔还写道："一棵树有三根树枝，它与这些树枝共同构成了一棵树；但树的每一枝丫，每一分枝（还有那些树叶，那些花），它们自身也是树。然而，说只有一棵树和三个分枝，这仍然是对的。"① 耶稣想要让人们理解，上帝在他们之中，他们在上帝之中。上帝与人的活的关系不能被看作一种客观的关系。"在精神与精神之间，没有客观性的深渊。"② 为了思考这种关系，应该转变逻辑本身。说耶稣是人，这是一个普通逻辑的判断，说它是上帝之子，则属于一种更高的逻辑。只有当上帝不是一个使耶稣的个体性被归并于其中的概念时，这个判断才存在。上帝和人构成了一个活的整体。黑格尔称"精神"是这种无限与有限的人格性关系。

基督不仅仅是一个观念，他在他的门徒中间有实际体验。

---

① Nohl, *Hegels theologische Jugendschriften*, p. 309.

② Nohl, *Hegels theologische Jugendschriften*, p. 312："精神只认识精神。"在《信仰与存在》中，黑格尔用一种活的信仰，一种客观性在其中被升华、被"扬弃"了的精神关系来反对已遭到批判的实定信仰。

在他的一生中，他在他们中间创造了一种爱的纽带。在这个法
兰克福时期的文本中，黑格尔重新考察了他在伯尔尼时期的著
述中曾研究过的基督的生平。他探求所有象征符号的深刻意义。
在圣餐中，他看到了爱的象征，从主观性到客观性的永恒过渡
和从客观性到主观性的永恒回归。"在耶稣的精神中，他的门徒
被统一起来，这种精神对于外在的感觉来说已变得像物体和现
实那样当下在场。但变得客观的爱，变成为物的主观性回到了
其精神的本性。通过吃饭这一事实，他重新成为主观的。"[1] 耶稣
的肉体应该被升华。然而，基督有他的历史现实，人们不应该
将他与他所体现的理念分离开来。这种通过基督之死来实现的
分离是一种活的辩证法。在耶稣死后，可见者与不可见者，精
神与实在的分离得以完成。信徒们需要在一种具体的形式中为
自己表象他们的理想。基督的生命、他所施行的各种奇迹、他
的死亡都已经脱离了他们的理念。客观性对于爱来说是伟大的
敌人，但宗教不可能没有各种表象。在把耶稣看作一个历史现
实时，人们就被谴责不再理解宗教；知性取代了宗教情感。[2] 应
该在历史中重新找到精神的在场。黑格尔追随基督教的必然转
型，爱与世界的冲突。爱有一种悲剧性的命运。它要么局限于
一个小团体，而与世界的其余部分相对立；它要么无限地扩展，
变得表面，单纯被思考而不是被实际体验。基督教的命运来自
这种在无限地扩展自己时的爱的无能。在呈现基督学说的这种
必然发展时，黑格尔没有停留于思考那只是可能的东西；他试

---

① Nohl, *Hegels theologische Jugendschriften*, p. 299.

② Nohl, *Hegels theologische Jugendschriften*, p. 334.

图去理解实际所是，并且只是如其所是地去理解它。他的历史
哲学因此在本质上具有一种原创性的特征。它既不是一种绝对
的乐观主义，像莱布尼茨的《神正论》那样否定不幸或只是把不
幸归结为一种必要的阴影。它也不是一种关于现实的乌托邦观
念，在那里，无所不能的人将会改变命运。黑格尔力图依据其
内在的辩证结构，如其所是地思考世界。基督的教诲就像基本
的现实那样是一种精神的或无限生命的教诲。在荷尔德林，也
许还有谢林(他的《世界灵魂》已经出版)的影响下，尤其是在
《约翰福音》①的影响下，黑格尔上升到了一种精神哲学、一种
精神一元论②。在这种一元论中，每一现实作为一个活的辩证法
的环节都找到了它的位置。《体系残篇》将告诉我们，自然如何
被整合进这个现实之中，它如何能被看作绝对精神的一个环节。

第四节　《体系残篇》(1800 年 9 月 14 日)

《体系残篇》(黑格尔自己所标的日期为 1800 年 9 月 14 日)
引起了极其重要的解释上的分歧。我们是真正地在面对一个体
系，像狄尔泰和在他之后的许多其他评论者所相信的那样，还
是仅仅面对我们所研究过的早先在法兰克福时期的残篇中的黑
格尔思想的一种更具普遍性的表达？后一种是黑林的假设，他
以一种极其精确的分析证实了这种假设。一开始就应该承认，
对只是一个残篇的东西进行解释是很难的：重建整体思想即使
不是不可能的，至少也是很棘手的。狄尔泰想要在这个作品中

---

①　黑格尔自己指出了《约翰福音》与前三个福音之间的差异。Nohl, *Hegels theolo-gische Jugendschriften*, p. 389.

②　"Geistsmonismus", cf. Th. Haering, *Hegel, sein Wollen und sein Werk*, p. 306.

看到一种自然哲学和一种宗教哲学。他在他所谓的黑格尔的"神秘的泛神论"中发现了该文本的一种普遍意义。应该承认，在先前的残篇中，我们没有碰到过这种形式的泛神论，它在后来也将有一种完全不同的特征。因此，如果我们接受狄尔泰的主题，就应该放弃在黑格尔思想的演进中有一种断裂，类似于我们相信能在伯尔尼时期的具有康德理性主义特征的《耶稣传》中看到的那种断裂。这种"神秘的泛神论"把黑格尔置入了他那个时代的哲学之中，把他置于谢林和荷尔德林一边。而《体系残篇》则可以直接归属于谢林早先出版的作品之列，如《一种自然哲学的理念》（1797）、《论世界灵魂》（1798）、《自然哲学体系纲要》（1799）。鉴于这两个朋友的关系，说黑格尔读过这些作品在我们看来是没有争议的；但从对《体系残篇》的研究来看，我们并不能说他已把这些作品化作了他自己的，或者说他采纳了谢林的自然哲学或荷尔德林的美学泛神论。在我们看来，黑林的分析极其清楚地表明了黑格尔看待自然的特殊观点，以及在黑格尔和谢林之间的根本分歧。[①] 黑格尔可能也没有意识到这些分歧，但它们来自他看待宗教问题和一般的精神关系的个人风格。因此，对于想要剥离在体系本身存在之前的黑格尔思辨的本己特征的人来说，这个文本就极其重要。黑格尔不久就将在耶拿接纳谢林的《自然哲学》。他将借鉴其朋友的哲学语言。表面上，他是谢林的门徒，后者已经完整地建构了一个哲学体系。他在这个《体系残篇》中也是如此吗？抑或相反，就像在先前的残篇

---

　　① 参黑林关于"神秘的泛神论"的讨论，Th. Haering, *Hegel, sein Wollen und sein Werk*, pp. 547–555。

中那样，我们从中发现的是一种独特的思辨，一种专属于黑格尔的真正的辩证法？

残篇开始于生命与诸有生命之物的一种普遍的辩证法。"个体存在，只是因为生命的整体是分裂成部分的，他是一部分，而所有其余的则是另一部分；他存在，只因为他不是任何部分，而且没有任何东西是同他分离的。"①这个文本让人想到荷尔德林和关于生命的整个浪漫派哲学。然而，黑格尔提到的那些例子确实让人看到了他的核心关注之所在。他涉及的始终是精神与精神的关系，是人与人、个体与国家、爱者与被爱者、人与上帝的关系。整个文本都指向这后一个问题：如何使自己从有限生命上升到无限生命，从人上升到上帝，而又不在自身中失去自己？无限生命恰恰就是精神本身。②《约翰福音》的影响在此看来是本质性的，但黑格尔寻求新的表述来说明他的基本概念。由此他的思想就有了一种更普遍、更哲学的特征，这一点也部分证明了那些想要在这个残篇中看到一个哲学体系的评论者的观点。然而黑格尔在此的思想是与此前残篇中的思想一致的。有一种思考宗教的方式，导向了人与上帝之间的绝对分离；相反，有一种生活的方式，设定了个体与上帝之间的和解，一种在两者之间的精神与精神的关系。在前一种情形中，是反思和对立；在后一种情形中，则是像在基督与上帝之间的那种活的统一。任何有生命的存在也是一个一与多的存在：统一与多样性既内在于其自身，又同样地外在于它。反思的观点导向有限

---

① Nohl, *Hegels theologische Jugendschriften*, p. 346.

② 我们可以把无限生命命名为精神。Nohl, *Hegels theologische Jugendschriften*, p. 347.

与无限之间的一种绝对分离。被反思设定为有情生命之整体的生命就是自然，黑格尔此处是在一种客观的意义上采用这个词的，因此对他来说，就是贬义的。自然就是被反思固定的生命，"一个无限的有限，一个无限定的限定"①。如此被思考时，自然就与孤立的生命对立，就像亚伯拉罕自身生命所处的环境总体与他对立一样。因此，对于反思来说，在有限与无限之间的任何和解都是不可能的。作为反思的对象，有限和无限是绝对不可调和的。哲学只是无限期地从一个过渡到另一个而从来不能像一个在另一个中那样发现它们。但宗教是从有限生命向无限生命的提升，经由生命，和解就成为可能。② 我们在此重新发现了黑格尔个人的问题：如何"接近"上帝？这是个具体而实践的问题。在他看来，它在反思哲学的层面上是无法解决的。他说，哲学应该让位给宗教。③ 我们在此看到了与黑格尔的未来诸概念尤其是绝对精神的概念和他的由低而高的等级概念（艺术、宗教、哲学）④的一种矛盾。毋宁应该赞成黑林，他指出黑格尔在此并没有直接关注哲学。他在哲学这个词下所理解的，只是这种反思的或知性（Verstand）的观点，就像他后来所说的那样；而宗教在他看来始终是无限地凌驾于这种哲学之上的。他还没有为他自己的思辨给出一个名称，这是一种关于宗教、关于诸精神之间的关系（连同其非理性的结构）的思想，黑格尔试图思

---

① Nohl, *Hegels theologische Jugendschriften*, p. 347.

② 借助活的整体，死亡、反思、知性的观点就被设定为可能的，但每个有限的存在作为有情生命能被重新整合到无限中而又不消散于其中，这就是宗教，即精神与精神的关系。

③ Nohl, *Hegels theologische Jugendschriften*, p. 348.

④ 这种等级已经出现在 1801 年的《费希特与谢林哲学体系的差别》中。

考的就是这种思想。这种辩证的思辨后来将由一种理性(Vernunft，在黑格尔赋予该词的特殊意义上而言)的哲学来说明。

从其思想的这些起源来看，黑格尔致力于这个具体的问题：何种活的关系存在于人与上帝之间？他试图从历史的角度来描述与此问题相关的希腊宗教、犹太教或基督教。他在犹太教中找到了一种与它自身相对立的分裂意识的最深刻例子。上帝在那里被设想为主人，而人则是奴隶。上帝被设想为主动的，而人则是被动的和没有自由的。在基督教中，基督与上帝的关系向他显现为一种活的关系的表象。上帝在那里被设想为父亲，而人则是子女。分离得到了思考并被超越了。同时，黑格尔扩大了他的问题。在人和上帝之间的这种关系还能存在于人与人之间、人与其城邦之间、爱者与被爱者之间。通过思考这些精神间的关系，黑格尔明确地规定了它们的结构，各项借以在整体中彼此对立或统一的运动。这个关于生命(残篇就是由此开头的)的一般性文本只是对所有精神现象的这种结构的一种最普遍的表达。黑格尔被逐渐引导着使自己远离哲学家们的普通思考。像所有浪漫主义者那样，黑格尔反对孤立的反思，反对知性的绝对客观性。他的原创性毋宁在于一种依据研究的对象本身的新方法，在这种方法中，杂多性同时被吸收和保留在整体中。在一个个体或民族的生命中相互遭遇的所有对立都能在一个活的整体中得到和解，但就像有一种虚假的分离那样，也有一种虚假的统一。它就是对诸对立面的否定，使它们消失在一种僵死的综合中。就像黑格尔开始设想的那样，综合不是对诸差异的压制。精神生活——每个生命现在都重又进入了精神生活的框架中——对黑格尔来说既是痛苦的对立，又是统一；既是悲剧的冲突，又是和谐的结合。生命本身就是这种对立和这种统一的综合。爱者和被爱者形成了一个整体，但他们在这个整体中仍继续分离地实存着。在这种综合的概念中确实保留着黑格尔的原创性，这使他在后来反对谢林，并赋予了他的哲学以其本己的特征。他在整个生命中承认了否定的必要环节，他想要把这个否定吸收进整体中，而不是完全地否定它。这就是"扬弃"一词的深刻意义。就像让·华尔如此明确地指出的那样，苦恼意识处于黑格尔体系的核心；克尔凯郭尔的灵魂状态已经为黑格尔所预见并被吸收进了他的体系，而没有被否定。① 在《精神现象学》中，黑格尔将指责谢林没有足够严肃地考虑否定；黑格尔想要思考精神生活中的活的整体，而不是使它在诸对立和差异中消失。他在思考上帝与人的关系时就是这样做的。在一种活的宗教中存在于人与上帝之间的位格关系使得我们难以接受狄尔泰运用的"神秘的泛神论"的表述。谢林、荷尔德林和黑格尔共同具有一种生命整体性的特定理想，甚至具有一种个体的特定独立性的感觉。但谢林和荷尔德林没有像黑格尔那样最终发展出在人与上帝之间的一种精神性和位格性的关系概念。无疑，对黑格尔来说，人很少可以像上帝没有人那样没有上帝而存在，但在泛神论的意义上，这两部分的其中之一不可能完全被另一部分吸收。诚然，在黑格尔看来上帝既是全体的环节之一，又是全体本身，但这只有在把自己置于两种不同的观点中时才是如此。一方面，人把上帝设想为孤立于他的；另一方

---

① J. Wahl, *Revue Philosophique*, art. Cité.

面，人又在上帝之中。孤立和统一是表达了宗教生活的两个辩证环节。谢林依据一种自然主义的直观来思考上帝与人的关系，荷尔德林依据一种审美直观来思考，黑格尔则依据整个精神生活的各种实存本身。在历史中，所有的宗教都没有达到与黑格尔所说的真正的精神关系相符的生命力的高度。黑格尔称之为幸运的某些民族①已经如此设想了他们与上帝的关系，其他民族则远离了这种关系。上帝对他们来说是他们永远感觉到与之相脱离的对象。整个宗教的历史向黑格尔呈现为人与上帝之关系的历史，但这种历史还没有被他设想为一种必然的发展，一种越来越完善的合题的连续线条。因此，《体系残篇》的解释者只是以一种更一般的形式向我们呈现了我们在法兰克福时期的黑格尔的倾向中已经看到的所有倾向的一种新的表达。

* * *

在这个《体系残篇》中看起来新的东西(也恰恰是黑林所强调的)，是黑格尔试图在他的辩证框架中去理解物质。在此，他涉及的不是一种谢林意义上的自然哲学，也就是说，一种在其特殊的组织(磁性、极性)中的物质研究；在这个文本中，没有任何诸如此类的思辨的东西。黑格尔只是在耶拿期间才在谢林的直接影响下接近这些问题。这里有一种专属于黑格尔的方式：在其处境中相对于精神来理解物质，即各种死的事物。在早先的文本中，我们已经看到这种对事物在精神间的关系中所起作用的具体关注。比如说，在爱的关系中，黑格尔询问财产扮演了什么角色。他现在以一种极其一般的方式询问，对象在精神

---

① Nohl, *Hegels theologische Jugendschriften*, p. 350.

生活中具有何种意义。他首先考虑的是各种宗教对象，如耶路撒冷的神庙。① 一方面，一个神庙对精神来说是一种客观的现实：在它所参与的精神关系之外，它可能被看作一个纯然之物、一个绝然孤立于精神的空间现实。另一方面，它能在其精神性的意义中来考虑。这样一来，客观性在它之中就只是一种可能性。② 在它的具体现实中，神庙具有一种精神性的意义。客观之物和主观之物获得了其统一性。一个神庙是一种被实现了的思想。黑格尔对这个主题的各种评论是极其耐人寻味的。正如孤立于其精神含义的事物意味着一种面对它的错误的精神态度，孤立于任何客观性的精神同样失去了其意义。被还原到其自身的纯粹的主观之物等同于纯粹的客观性。③ 精神只有在它与客观性的具体关系中才是真正的是精神。物质在各种精神的关系中有其位置。这样一来，它就只是一种活的辩证法的一个环节。我们在此能想到的是黑格尔哲学的未来发展，依据这种发展，精神只有当它是客观精神时才有其现实，它在事物中自我实现，在事物中思考自己，并相对于这种客观精神来界定事物。

对物质的演绎在此除了意指物质在精神生活中的位置和对精神本身而言的一种客观性的必要性之外，并没有其他意味。在尝试着思考空间和时间的反题对精神能有何种意义时，黑格尔更进一步将之普遍化了。黑格尔在此选择的例子还指出了这

---

① Nohl, *Hegels theologische Jugendschriften*, p. 349.

② 被塑造的客观性不是一种真实的客观性，而是一种可能的客观性。它与主观性联系在一起。它只能被思考为纯粹客观的。Nohl, *Hegels theologische Jugendschriften*, p. 349.

③ 内在性与外在性的辩证法已经在这个文本中初露端倪。

些问题的宗教起源。① 空间和时间这两个反题是对称性的。它们说到底可以归结为规定性和无规定性的反题，在整个空间中的点的对立，在整个时间流程中时间瞬间的对立。② 通过指出每个观点孤立地来看都是不可思议的，黑格尔看起来解决了这些反题。通过反思在有限与无限之间建立起来的对立使得无限既是未实现的，又是已实现的。它产生了一种贬义性的无限，黑格尔将在《逻辑学》中称之为一种恶无限的东西。无限不应该被设定为反思的对象，而人们能在一种精神关系中，如在一个建筑作品中发现这种对无限的表达。在那里，一种无限的本质可以在一个规定的空间中占有其位。当黑格尔在与时间有关的东西上思考同样的问题时，他应该想到了精神之必不可免的历史性，想到了耶稣的问题（像他在先前的著作提到的那样）。③ 既在时间中又在永恒中设想精神，这是黑格尔思辨的本质特征之一。被给予的，是在时间与精神本身之间的一种精神关系。④ 黑格尔也力图把艺术作品思考为一种经由精神的空间塑形，一种内在性的必然外化。艺术作品被他在其宗教的和精神的意义上来理解。⑤ 黑格尔在这个文本里通向了一种极其特殊意义上的物质的

---

① Nohl, *Hegels theologische Jugendschriften*, p. 349.

② Nohl, *Hegels theologische Jugendschriften*, p. 349.

③ 基督反对那些纯粹的神秘主义者（对他们来说，历史并不存在），他坚持"历史之物"的必然性。黑格尔反对一种在耶稣及其故事中只看到一种经验现象的知性概念，他坚持精神之永恒在场的必然性。基督"既永恒地在，又出现在历史的某一给定时刻"。Jean Wahl, "Hegel et Kierkegaard", 3e congrès hégélien de Rome, 1931.

④ 关于黑格尔的时间、精神与时间的关系，参克罗纳在前引《逻各斯》杂志上关于"黑格尔的历史与体系关系"的文章，并且尤其可参克罗纳在罗马的黑格尔大会上关于时间辩证法的文章。

⑤ Nohl, *Hegels theologische Jugendschriften*, p. 350.

演绎，就像黑林指出的那样，这种物质在其哲学的发展中还将经常出现。在黑格尔看来，物质的演绎意味着两件事情：一方面，是不可能把它设想为抽象的，脱离了它所归属的活的整体性；另一方面，反过来必须将它思考为整体中的一个环节。一般说来，演绎在黑格尔那里从来没有其他意义。这个文本也告诉我们，"精神"一词在黑格尔那里有两种含义：有一种孤立的、与物质对立的精神，我们可称之为经验性的精神；有一种绝对精神，它是对被视作诸环节的自然和经验性精神的组织。黑格尔看来在这个文本里上升到了这种绝对精神的理念。但这只是通过一系列关于具体对象与涉及宗教生活的精神之间的关系的经验性评论才达到的。黑格尔只是逐渐地离开了在整个法兰克福时期都属于他的现象学层面。

第五节　结论

黑格尔于1801年作为私人教师前往耶拿。谢林自1796年起就已经在那里执教，在黑格尔还没有发表任何著述的时候，谢林就已经推出了其大部分的哲学作品。他已经构造了一个自然哲学和一个先验观念论体系——两部他打算组织进一个同一哲学中的作品。① 这两位朋友自图宾根时期起，就一直保持着联系。在耶拿的相遇对他们来说是比较其研究工作的一个契机。谢林尤其发展了他的自然哲学。他的《先验唯心论体系》作为一种精神哲学，在对各种表象功能进行演绎的同时，也对物质的

---

① 《对我的哲学体系的阐述》(*Darstellung meines Systems*)出版于1801年；《布鲁诺》(*Bruno*)出版于1803年。

各种构造性力量进行了平行演绎。谢林在他的第一个《自然哲学体系纲要》(1799)中已经指出，在表面看来没有生命的宇宙中，有各种力的冲突、各种对立，就像磁铁两极的对立一样。这些对立在一系列的综合中得到调和。这是被应用于自然中的费希特的方法本身。黑格尔则特别思考了各种精神现象。他从宗教史的角度研究了各种对立，各种内在于整个精神生活的冲突。表面看来，尽管他们的应用领域是不同的，但两人的方法却是一致的。黑格尔发现，他的方法能应用于自然。但到那时为止，他从来没有尝试过这样的应用。我们在他思想的先前发展进程中，没有看到一种自然哲学的痕迹。在法兰克福时期的《体系残篇》中，自然已经在精神生活中占有一席之地，它是有机整体中的一个辩证环节。但黑格尔从来没有想要孤立地去研究它。在耶拿，在谢林的直接影响下，他为了自然本身而研究了自然，并把他的辩证体系应用其上。他的论文《论行星的轨道》①就是一个证明，他在《费希特与谢林哲学体系的差别》(1801)中给予谢林自然哲学阐述的地位也可作证。依据他们先前的工作，一种精神与自然的综合的观念在谢林和黑格尔那里是不可能相同的。黑格尔在《体系残篇》中已经达到了一种绝对精神，自然与经验性精神的综合。谢林则同时在自然和精神中发现了绝对者。自然是一个像精神那样的主体—客体。在自然中，只有一种客观性的过渡；在精神中，则是一种主观性的过渡。谢林因此设想了关于绝对者的各种不同的"力量"。在耶拿时期，看来已经

---

① 这篇论文依据开普勒定律把太阳系思考为一个整体，一个质的组织。相较之下，量的思维则是一个抽象的环节。

出现了两种概念，即黑格尔的概念和谢林的概念之间的一种冲突，以及两者彼此之间的一种互动。精神—自然的综合问题以一种最复杂的方式分别向两人提了出来。对黑格尔来说是全新的谢林的解决，看来已经是一种发展的观念。自然是精神的一种低级形式。在1801年的著作中，黑格尔采取了他朋友的论题，但没有放弃他自己的，由此导致了一种特定的晦涩，这种晦涩后来还将出现在黑格尔的哲学中。

这两位哲学家一开始就都感觉到了他们的思想的相似性。黑格尔充分接受了谢林的观念和术语。他谈到了"同一"和"惰性"（indifférence），有时也运用"和解"（Vereinigung）这个词。当黑格尔写《费希特与谢林哲学体系的差别》时他是公开承认的谢林信徒。从这个作品开始，黑格尔就运用他的辩证概念到哲学史中。在此之前，他已经思考了既相互对立又彼此组织在一起的宗教生活的诸环节。现在，他试图去思考各种哲学，就好像它们能够彼此完善。这种观念是富有成果的。它引导黑格尔走向了他的哲学史，走向了他在《逻辑学》中对诸范畴的组建。它已经在这最初的作品中初露端倪。他表明自己更关心如何公正地看待每个思想家而不是去批评他们。他对18世纪的唯物主义感兴趣，并把它看作德国观念论的一个补充。① 他把康德、费希特和谢林的哲学设想为哲学发展的诸环节。② 他指责费希特把随后变成"非同一性"的同一性置于开头。在费希特的体系中没有真正的同一性、活的整体性，因为这种同一性的实现被推至无

---

① Hegel, *W., W., I*, p. 276.

② 克罗纳（*Von Kant bis Hegel*，II，p. 146）已经指出了由黑格尔带来的新观念。费希特和谢林都没有真正思考过康德—费希特—谢林的这条历史线索。

限了。在黑格尔看来，费希特是主观主义的，因为他仍处于主体的层面上。但同时，他把一个不可归结为任何调和的"非我"保留在主体之外。① 他尤其批评了康德的道德观和费希特的道德观。对费希特来说，如其所是的世界"除了不应像它所是的那样存在，以便道德行动能把它创建为如它所应是的那样外，没有其他意义"。② 如其所是的世界对黑格尔来说却是本质性的。这不是一个不变的世界，而是一个在生成中的世界，一个存在与应然存在的综合。荒谬的是面对它确立起个体的理性。费希特的哲学没有被黑格尔否定，它被超越了。通过阐述谢林的体系（他把它看作等同于他自己的），黑格尔显然认为他没有不忠实于他朋友的思想。③ 然而，黑格尔的某些表述显露了他们的差异。

我们不想过多地强调黑格尔在此呈现的"艺术、宗教、哲学"序列，他后来将按同样的顺序阐述这个序列。④ 对谢林来说，艺术占据着一个优先的地位；对黑格尔来说，它只是绝对精神的第一个环节。但本质的差异体现在关于绝对者和综合的概念主题上。克罗纳提醒人们注意黑格尔的这个表述："绝对者是同一性与非同一性的同一。"⑤而谢林只是说："绝对者是同一的同一。"在此不仅仅有一种表述上的差异。黑格尔的表述传达了他

---

① "有限和无限，现实性和理想性是不可调和的。"Hegel, *W.*, *W.*, *I*, p. 226.

② Hartmann, Hegel, *W.*, *W.*, *I*, p. 30.

③ Hegel, *W.*, *W.*, *I*, p. 250.

④ 艺术在此之前从来没有被黑格尔看作一种独立的现象。在黑格尔那里也没有任何审美的神秘主义。艺术是与宗教生活联系在一起的。

⑤ R. Kroner, *Von Kant bis Hegel*, p. 166.

的绝对者和综合的观念。① 对黑格尔来说，辩证的整体仍在自身中保留了多样性。问题不在于把自己提升到世界的各种对立之上，要么通过取消对立项的其中之一，要么通过否定所有对立的两项。谢林的绝对者（在这个时期）是外在于事物的、具体而复杂的现实。它是它们的同一性，它不能解释诸差异。谢林消解了各种对立；黑格尔的综合则保留了它们，同时又统一了它们。在《体系残篇》中，黑格尔已经把生命设想为统一本身与分离的结合。② 生命设定了这两个环节——结合与分离。它的最深刻的现实就是它们的和解。尽管在耶拿时期受到了谢林的影响，但黑格尔思想的继续发展却通过这两种表达，即法兰克福时期的表达和耶拿时期的表达之间的相似性而体现出来。黑格尔离开了具体的观察；他已经分析了各种历史现象和各种精神间的关系。他的辩证法的概念因此不是先天的，由此就可以轻易地解释我们在谢林的综合观与黑格尔的综合观之间发现的差异。对黑格尔来说，综合不可能提升到诸事物的多样性之上，它只能是"正题与反题的综合"。③ 我们预感到了黑格尔将在《精神现象学》的序言中对谢林所做的批评。谢林的绝对者是空洞的同一，它在谈到所有具体而特定的事物时都思作 A＝A，因此就像"在黑夜中人们说所有的奶牛都是黑的"那样。④ 生命，绝对者，对

---

① 　但黑格尔似乎没有察觉到这两个概念之间的差异，他把他自己的概念用到了谢林身上。

② 　"结合与非结合的结合。"（Die Verbindung der Verbindung und der Nichtverbindung）Nohl, *Hegels theologische Jugendschriften*, p. 348.

③ 　《体系残篇》（*System-Fragment*）中的表达，参 Nohl, *Hegels theologische Jugendschriften*, p. 348.

④ 　Hegel, *Phénoménologie*, préface, p. 10.

黑格尔来说总是意味着"否定性的严肃、痛苦、忍受和劳作"。①
在谢林那里，同一是第一位的，它就像在事物中被直观地把握
的和谐那样；在黑格尔那里，根本的经验则是对立、苦恼意识。
在他那里有一种为了把世界的悲观主义融入一种乐观主义的综
合而做的努力。

　　黑格尔的哲学与谢林的哲学之间的这种差异可自然地通过
他们思想形态的差异来说明。首要的一点是，黑格尔是精神哲学
家，谢林则是自然哲学家。黑格尔出版的第一部伟大作品是《精
神现象学》。诚然，就像黑林认为的那样，黑格尔只是在外部形
势的压力下才出版《精神现象学》；但值得注意的是，为了给他
的体系提供一个初稿，由于他还不能给出他的完成的体系，这
个导论就成了"精神现象学"。② 黑格尔在出版《精神现象学》时
就已严肃地注意到他的思想相对于谢林的原创性，他指出了教
养在达到科学之前的各个阶段，"心灵之路"③。这条道路对他
来说就是对各种精神现象而不是自然现象的研究。在《精神现象
学》中只有顺序是新的。在抵达耶拿时，黑格尔已经意识到了整
个生命的辩证结构。他还没有一种辩证的方法。谢林的影响，
也许尤其是费希特的影响在这一方面将是极其重要的。《精神现
象学》作为一种不应该有导论的哲学的导论，只可能是黑格尔思
想演进的历史本身，是他在构筑一个体系之前的独特的思想形
成的历史本身。

---

　　① Hegel, *Phénoménologie*, préface, p. 11.
　　② 参黑林对《精神现象学》之出版的研究, troisième Congrès hégelien de Rome,
1931. *Die Entstehungsgeschichte der Phänomenologie des Geistes*, p. 118。
　　③ *Phénoménologie*, p. 49.

附录二

法权状态①

我要给你们讲述的文本属于《精神现象学》(霍夫梅斯特版,第342—346页)②。如同这部不同寻常的作品的许多其他章节一样,这一节似乎也是一个谜。我所要提供给你们的不是一种严格意义上的文本评论,而只是对它的阅读的一个介绍。关键是要在整部作品中确定它的位置,并说明"法权状态"(l'état du Droit),或更恰当地说"法理状况"(la condition juridique)这个标题的含义。也就是说,此处的"法权"(le Droit)一词在这一精神的历史中意指什么。最后,要尝试说明这一法理条件对黑格尔来说所具有的历史的和哲学的意义。因此,这种方式将自由地通向一种更细致、更贴近字面的评论。

首先是对这一节的定位,这已经是第一个困难了。如你们所知的,《精神现象学》的第一部分是一种意识现象学(我们将在《哲学全书》中重新看到它),而在这里,我们处在第二部分,即精神现象学的部分,此处的"精神"是在精神是一种历史的变量

---

① 本文译自 Jean Hyppolite, "L'état du Droit (La Condition Juridique)", *Figures de la penseé philosophique*, t. I, Pairs: Presses universitaires de France, 1971, pp. 242-248。1964年罗亚蒙(Royaumont)会议论文。——译者

② 参黑格尔:《精神现象学》(下卷),贺麟、王玖兴译,商务印书馆,1979年,第33—38页。——译者

(grandeur)和历史的现实(即作为一个世界而存在的个体)这个意义上说的。在旅程的某一阶段，单个的意识不再仅仅拥有理性，它就是已成为理性的它自身(正是黑格尔本人在"有"[l'avoir]与"在"[l'être]之间做了这种区分)。理性是一个被组织起来的世界、一个历史的世界、一个属于普遍历史的民族。理性不再是个别意识用来思考的工具；相反，单个的意识是一种在具体的整体中"消逝着的量"，一种在生成过程中作为理性本身的实体，正如单个的意识在它的旅程中发现了它归属于理性。同样，这种精神的实体也应该把自己反思为主体，表明自己是普遍的精神——不再仅仅是真实的，即客观的；而且还是对它自身的肯定，即是它自身命运的创造者(没有任何超越性)，是意识到要成为其历史的创造者的精神。它不再仅仅是自己表象自己(宗教)，而且还要超越这种自我的表象(绝对知识或科学)。

我们所要讲的关于"法权状态"的这一节是作为这一精神史的一个环节出现的。精神首先是实体性的，它是真实的精神，作为一种自然而存在，没有上升到对它自身的意识的精神。这就是为什么它必须要打碎自己或撕裂自己。它应该把这种既作为自然的表面的和平，又作为精神的无意识的不安的美、一种自己不知道自己的艺术作品抛置身后。以这样一种方式，它才能克服自己，在教化(Bildung)的漫长过程中重新找到一种特定的直接性。我们要讲的这一节依然属于这种实体性的精神，它是单个的个体第一次出现在一种历史的整体中，但由于与精神相关，这一个体就不再是在生命的要素中为寻求其承认而战斗的生物学个体。它是既个别又普遍的个体，是知道自己与所有其他私人平等的私人。实体性的精神裂变为众多的原子。家庭的封闭精神（神律）和城邦的显现的开放精神（人法）融为一体。真实的精神只不过是私法的精神（l'esprit du droit privé）。作为持存的内容（黑格尔说过，在艺术中，正像在任何人的作品中，正是内容在起着决定性的作用），它开始反思自身。这种内容不再内在于个人，它像财产和权力的偶然性那样支配着个人，构成了一个不连续的、破碎的世界。这个世界将在一个漫长的教化过程中表呈自己，重新构建自己。这种破碎既表现为此岸与彼岸的分离，又表现为国家权力与财富的分离。现代世界接替了古代世界，在这一教化的结尾，法国革命将展开一个新的时代。

黑格尔的这一节的谜团源于，他自己并没有指出它的历史所指的对象。抽象性掩盖了具体的意义。这就是为什么评论者首先假定了文本的例证（illustration）。例证并不特别困难，但它看来是偶然的。但它比人们所以为的要更少偶然性；我们的首要任务应该是消除这种例证，或者尽可能地改变其内涵。对于这种教化的危机来说，只需要重新看一下卢梭的著作就行了。黑格尔本是想理解他的时代的，但为什么他要选择这些例子而不选择卢梭为例？这正是需要加以说明的。毫无疑问，直接精神，即依然还是作为自然的精神，对黑格尔来说就是希腊的精神，就是古代城邦。法理状况、法权状态，对他来说就是罗马世界，伴随着私人权利的发展，在斯多亚主义和基督教的苦恼意识中，精神为了在另一个世界找到它的拯救而从这个世界逃逸了。通过法国革命，教化实现了它自身，对他来说，这就是现代国家的发展和18世纪的最大危机。现在需要解释的是这种实际精神的历史为什么随着古代城邦开始，而宗教的历史（精神自己为自己提供的景观）则要随着东方的宗教和对动植物的崇拜才开始。还需要解释，为什么斯多亚主义、怀疑主义和苦恼意识这些环节作为历史环节，而非意识环节重新出现。我们认为，如果我们不丧失客观的观点，即通过理性去把握一个时代（黑格尔曾经生活过的时代，我们在很多方面都是这个时代的继承者）的意义，这种理解是可能的。应该回想起，古代城邦的理念就是这个时代的理想，就是革命公民的理想：他们与自己的城邦融为一体，而不需要一个外在的（对于那些在 18 世纪已成为布尔乔亚的私人来说是异在的）国家作为中介。在黑格尔看来，法国革命已经失败了，因为它所找到的只是市民（des bourgeois，资产者、布尔乔亚）而非公民。应该把市民社会、一个由私人构成的社会与一种公意（volonté générale，它不再直接是所有人和每一个人合成的意志）结合起来。同样，主体性（它确实代表着道德的世界观或至少是这种道德观的结果，代表着意识的不可让度的确定性）是基督教的遗产，但问题同样不在于向后重新回到基督教那里。这种从实体到主体的历史是不可逆转的，它应该整合小市民和基督徒、富人、生产者和那些想要在集体的作品中实现其意图，否则就向另一个世界要求它的人。柏林时期的《法哲学原理》是充满矛盾的。它像柏拉图的《理想国》一样，以一种避开历史进行建构的方式呈现出来。但如何理解这部作品的前两个部分："抽象法"（它如此清楚地对应我们现在所讲的《精神现象学》的章节）和"道德"（它明确对应《精神现象学》的另一个章节）？除非我们参照制约着现代国家之出现的一种双重历史：一方面是私法、国家财富和个人财富的发展（政治经济学、司法上的形式体系），另一方面是基督教主义和主体性（它如此深刻地把这个首先是客观的世界内在化了）。正是黑格尔本人在一个我认为是最基本的文本里为我们提供了这些参照，在这个文本里，历史在概念构造的后面展现了它的面貌。黑格尔注意到，柏拉图的《理想国》不是一个乌托邦，而是极其明确地描述了在他的时代正在消失的世界。黑格尔写道："自主的个人的原则、个体性的原则或主体自由的原则，以内在的形式出现于基督教中，以外在的形式出现在与抽象的普遍性相联系的罗马世界中，它在现实精神那种仅仅是实体性的形式中却没有得到承认。"①这句话中的强调部分是我加的，它强调了这种历史的出现及其不可逆转的特征。黑格尔想要表述的这种精神应该包括这种抽象法，这种私人（它在现代的小市民中实现了自己）的法理状况以及这种与基督教相关的内在性和主体性——也不要忘记内在的专制（超我）与外在的专制同样强大。

我只想介绍一下对现象学的这个章节的解读，强调与之相对应的历史环节，它在黑格尔的一般思想脉络中的意义和内涵。但请允许我走得更远一点，尝试着说明一下为什么在黑格尔那里，抽象法（私法）与某种暴力联系在一起。当我们在《精神现象学》中读到"法权状态"这一节时，我们很难明白为什么帝国的暴力、没有限制的权力混乱和偶然，会与抽象法、法理上的承认联系在一起，因为后者乍一看来至少应该是与强力对立的。人

---

① 原文无注，此处引文出自黑格尔：《法哲学原理》，范扬、张企泰译，商务印书馆，1961年，第200页。——译者

们不是经常说通过法来实现和平吗？同样的矛盾也在柏林时期的《法哲学原理》的末尾出现，法的真理体现在这种从质疑了良好信念的法（不可解决的法理冲突）到犯罪和惩罚的辩证法中。在我看来，这是黑格尔的辩证法中最好的一种，法的偶然性及与之相伴随的暴力的内在性就显现其中。而且，公正（一种没有强制的法）和不幸（一种缺乏法的强制）不是同时存在于法之中吗？

对黑格尔来说，如同对帕斯卡尔来说那样，如果人们能够就法达成一致，就可以很容易地通过法来实现和平。但由于抽象的私法仍是形式的，它的内容是偶然的，变成财产的占有和私有财产体系（我们所说的整个市民社会的生产体系）仍然完全不适合于普遍人格的抽象绝对的反思，这个法理世界的真理（它尚未被国家和司法机关肯定性地提出来）就是暴力和报复，是为荣誉而进行的斗争，因为人们把他的荣誉寄托于一种偶然性之中。这样一来，在黑格尔那里，市民阶级的喜剧就产生了把金钱或任何其他偶然性视作绝对者的人的奴役。然而，暴力不是纯粹的暴力，它反过来是制约着主体性产生的东西，需要历史来调和它们。

我刚才提到了帕斯卡尔。我们通常提到他谈论无能的正义的文章，因为正义不能役使强力。我们认真地想过这种合作为什么是不可能的吗？这是因为，抽象的正义不可能毫无歧义地表明自己："没有强力（la force）的正义是悖谬的，因为始终存在着各种邪恶；没有正义的强力要受到指责。因此应该把正义和强力合为一体，为此，应该使正义者有力，使有力者合乎正义。

正义免于讨论，强力极易辨认，也无需讨论。这样一来，我们就不可能把强力赋予正义，因为强力与正义背道而驰，而且人们说，强力就是正义。"

　　黑格尔可能就此止步了（不管人们为他准备了什么样的强力理论），然而帕斯卡尔却继续说："因此，在不可能使正义者有力时，人们就使有力者正义。"然而帕斯卡尔就是这种黑格尔将之与其法理状况相联系的苦恼意识，他向另一个世界要求真正的正义；黑格尔则应该会（尽管这不是容易的事）接受暴力本身，并把它融合到自由和历史中。我恐怕对此难以为继，就此打住。

附录三

《法哲学原理》序[①]

没有人怀疑对黑格尔哲学进行解释所具有的困难。这种困难大部分可以归因于我们所拥有的黑格尔的著作具有不同的特征。首先是一系列的"讲座"(Vorlesungen)，即由他的弟子收集整理的讲课稿。研究者又孜孜矻矻地从中区分出原真地属于导师思想的那一部分和仅仅是其忠实的回音而非直接属于其原声的部分。其次是那些高度浓缩而又复杂的文本，黑格尔在其中向我们揭示的不仅仅是他的哲学探索的成果，也包含着他思想中的各种人类学和逻辑学的基础。"结果如果不包含它的发展就什么也不是。"[②]这样我们就有了《精神现象学》(1807)和《逻辑学》(1812—1816)：前者代表了黑格尔本人在青年时期的思想历程，他在其中向我们展现了哲学意识的觉醒与其时代精神的历史；后者则向我们表明了逻格斯(Logos)的内在生命。诸范畴不再是一些惰性而无生命的概念，而是发展的诸环节。真理自身也是一种生命。《逻辑学》中的这种逻格斯的生命与在《精神现象学》中努力通过内容的丰富性来实现其自身的意识生命，这两者

---

① 本文译自 Jean Hyppolite, "Préface aux «Principes de la Philosophie du Droit»", *Figures de la pensée philosophique*, t. I, Pairs：Presses universitaires de France, 1971, pp. 73‑91。这是作者为《法哲学原理》法文本(Gallimard, 1940)所作的序言。——译者

② *Phénoménologie*, préface, traduction française, Aubier, I, p. 7.

是黑格尔的全部哲学的基础。我们已经有幸拥有了由黑格尔本人撰写的这两部著作。但我们也可追溯这两部著作的起源。事实上，与他的朋友谢林不同，黑格尔在交付出版他的著作之前，就已经在长时期地酝酿他的思想。1907年他的青年时期著作（它们早于《精神现象学》和耶拿的课程）的出版就是一种明示，它有助于我们更确切地理解《精神现象学》，也使我们得以重新追溯黑格尔哲学的具体起源。在黑格尔的早期思想中，精神与历史的关系问题、希腊主义与基督教传统的重要性已经在他的研究中被放到了首要的位置上。对人的历史及这一历史的精神意义的反思成了黑格尔的出发点。后来在柏林所做的关于历史哲学和法哲学的教职讲座则往往以一种系统的方式重新展现了这些已经蕴含在其早期著作及稍后的耶拿课程或手稿中的思想。

* * *

在黑格尔那里，哲学家的身份与教师的身份几乎是不可分离的。尽管这种联系随着年岁的增长而变得越来越少，但黑格尔正是以一种介于哲学论文和授课纲要之间的概述的方式来提供他的哲学思想的全貌的；正是这些概述构成了三个版本的《哲学全书》（*Encyclopédie des sciences philosophiques*，1817—1827—1830）的内容。在其中，黑格尔把他的思想浓缩在一些单调枯燥、常常令人困惑的分节段落中，并试图通过补充一些具体的评述来弥补这种抽象性（这些评述可能会使那些对哲学家的早期著作不熟悉的读者感到惊奇）。呈现在这部《哲学全书》中的是有点过多的思想结果，而其形成的过程则付诸阙如。由于局限于这些概述，局限于这一"观念的王国"，人们就总是想要把黑格尔看作一个本质上教条性的哲学家。相反，对于那些探究这一不断自我修整的思想之起源的人来说，《哲学全书》的这些分节段落则只是一种始终鲜活的哲学思考的终点。人们常说，黑格尔使所有那些对他的思想大厦必不可少的骨架都消失在了其体系的印制图形中。就这一点而言，没有什么比《法哲学原理》（ *Grundlinien der Philosophie des Rechts*，我们在此首次提供了该书的一个法译本）的研究更让人感到震惊了。这部《法哲学原理》是黑格尔于 1821 年在柏林出版的，它仅仅是对《哲学全书》的部分内容的进一步拓展。如果说《哲学全书》中唯有这一部分被黑格尔勉力地扩展成为一部关于法哲学的专著，那么这肯定不是偶然的。早在耶拿时期，当黑格尔还在构建他的体系时，他就想把这一体系的某一部分撰写成一部《论自然法》（ *Naturrecht*），我们可以通过其客观道德体系（《伦理体系》，黑格尔没有打算发表它）的某些片断和一篇关于科学地看待自然法的不同方式的极其重要的文章相当清晰地了解黑格尔的第一部法哲学著作。[①] 在我们看来，对柏林时期的《法哲学原理》的解释不能忽视哲学家的政治和社会思想的这一起源。在只以呈现在本书中的结晶化形式考察这种思想时，人们就有可能无法充分看清它的具体含义；或者也可能导致任意地评判著作的这一部分或那一部分，如抽象法的部分和主观道德的部分，它们只有通过早先的那种缓慢而曲折的构思才获得其完整含义。只有仔细阅读这些分节段落，我们才能感受到黑格尔体系中的所有隐微之意。这种隐微之旨

---

① 　文章和体系都收在 t. VII de l'édition Lasson de Hegel, *Schriften zur Politik und Rechtsphilosophie*。

把我们带回到一种更加鲜活的辩证法，带回到那种体现在黑格尔的早期著作、耶拿课程或《精神现象学》中的辩证法。

在这个简短的介绍中，我们不可能从《法哲学原理》追溯至它在黑格尔的哲学历程中的具体起源。这是一个不可缺少的研究课题，但它需要长期的努力，我们只想通过考察这部著作的结构及它在《哲学全书》中的位置，来指出这种向后回溯的必要性。

* * *

黑格尔以一种极其宽泛的方式把法（le droit）①界定为"自由意志的定在（l'existence）"②。法哲学因此与《哲学全书》中被命名为客观精神的那部分内容重合。先前的一个混乱在这里被避免了。不应该把黑格尔称为法的东西与抽象法尤其是与通常被理解为自然法的东西混淆起来。人格的法（le droit de la personne）——财产法（le droit de propriété）——只是自由的有效实现过程中的一个环节。家庭法、国家法被提升到了抽象法之上，这种抽象法最早在历史中形成，随后以一种不完美的、奴隶制的历史定在的形式在罗马世界中体现出来。关于这一抽象法出现的历史条件，及它与斯多亚主义和怀疑主义的关系，《精神现象学》为我们提供了明确的提示。③ 如果想要理解《法哲学原理》中标题为"抽象法"的第一部分的含义，我们就应该回到《精神现

---

① droit 既有"法"的意思，又有"权利"的意思，我们在翻译中只能依据上下文酌情选择译法。——译者

② p. 38："法因此就是作为理念的一般的自由。"不要忘记，对黑格尔来说，理念是被实现了的概念。关于这一点参《法哲学原理》导论的开头。

③ *Phénoménologie*，II，p. 44.

象学》中。但黑格尔为其著作所写的"导论"中的一句话也清楚地为我们阐明了这种关联。他告诉我们："一种法是受限制的，因而它是从属于另一种法的因素的，只有世界精神的法才是绝对的和不受限制的。"①黑格尔意义上的法是与客观精神相重合的；确定这一环节在整个体系中的位置和重要性，因此并不是没有意义的。

　　这个体系是一个由诸圆环构成的圆。三个最主要的圆环是逻格斯、自然和精神。精神首先消散并迷失在自然中，它还是个沉睡的精神，它的真正苏醒是意识、世界意识和自我意识。但这种主观精神是个体精神，其最高的环节不是认识，而是意志。② 经由意志，精神与自然对立。它只想绝对地欲求它自身。这样意志就使我们从主观精神过渡到客观精神。事实上，提升到整个自然之上的意志——这是康德哲学和费希特哲学的重要环节——依然是一种抽象的意志，它恰恰就是黑格尔称之为抽象的普遍性的东西。在《法哲学原理》的"导论"中，黑格尔重述了自由精神的各种前提。③ 由于这种意志拒绝了任何特殊性和任何内容，它就成了"空洞的自由"。如果它转向行动，在政治上和宗教上就表现为"破坏一切现存社会秩序的狂热，对任何被怀疑为追求某种秩序的个人加以铲除，以及对企图重整旗鼓的任何一个组织加以消灭"④。我们能够在黑格尔青年时期的著作中，

　　① p. 78.（参黑格尔：《法哲学原理》，范扬、张企泰译，商务印书馆，1961 年，第 38 页。——译者）
　　② Cf. *Encyclopédie*, éd. Lasson, Band V, pp. 338 sqq.
　　③ 《法哲学原理》"导论"，pp. 47 sqq.
　　④ pp. 58–59.（参黑格尔：《法哲学原理》，第 14 页。——译者）

在优美灵魂或爱的形式（这种爱拒绝任何的命运，甚至为此去经历这些命运中最悲剧性的命运）中找到这种作为激情的空洞意志。我们还能在《精神现象学》中有关个体与世界秩序的对立、心灵对各种现存制度的反抗中找到它。[1] 因此，这种意志应该使自身特殊化，它欲求"某物"，但欲求某物就是意识到它能够欲求另一物，这就是任性的自由，是意志中偶然性的环节。因此意志在特殊化自身的同时仍应该保持为普遍的，它的内容仍应该是它自身。这就是想要在法的一般秩序中欲求意志的意志。客观精神是这样一种精神，它不再仅仅是对自然的否定，而且还创造出一个它能在其中重新发现自己的"第二自然"。最后，由于意识到它在其差异中与自身保持着同一，客观精神遂在艺术、宗教和哲学中把自己看作绝对精神。主观精神、客观精神、绝对精神就是精神辩证法的三个环节；而法哲学在此被看作与这些环节中的第二个环节的特殊发展有关。在绝对精神那里，我们看来已达到了我们所有步伐的终点，精神最终与普遍性、黑格尔哲学的最终目标、他的绝对观念论的定义和解了。但如果把这个终点看作一种静止，一种无运动的同一，就完全是自欺欺人。否定性对于精神来说是本质性的，精神只有在一个像它那样不安分的宇宙中才能发现自己。这就是为什么精神始终是历史——宗教的历史或哲学的历史；而自然，则被看作一种已被永远超越的过去——根据《精神现象学》中一个深刻的表述，它恰恰是不具有历史的东西。[2] 黑格尔在《精神现象学》中还说：

---

[1] *Phénoménologie*, I, p. 302, 也参德行与世界进程的对立，I, p. 231。

[2] *Phénoménologie*, I, p. 247.

"上帝的生活也许可以被描述为一种自己爱自己的游戏,但这个观念如果内中缺乏否定性的严肃、痛苦、容忍和劳作,它就沦为一种造作(l'édification),甚至沦为一种无味的举动。"①

我们看到了客观精神在黑格尔体系中的绝对重要性,正如青年黑格尔所说,它是一种自由的精神,是与它的命运相和解的精神,而这种命运就是历史,因为自由就在于除了自身外不受他物的限制。② 在历史(当然是人的历史)中,精神最终充分地实现了自己,外在地表现了自己,正如它又是内在的一样。这就是为什么《法哲学原理》从对自由之意义的主要介绍——尽管是一般的介绍,但它涵括了黑格尔哲学中关于具体的普遍性、关于今天人们还在谈论的在超越了任何处境的自由与人的特殊处境(它始终是人的处境和历史的处境)之间的生存关系的全部要旨——开始,却以一些关于普遍历史的章节(法权、具体的主权又处于其最高点)结束。"精神的历史,就是它自己的行为,因为精神只是它所做的事……在普遍精神的这一进程中,国家、民族和个人,每一个都把自己提升到完全被规定好的特殊原则中,这种原则体现在其制度中,并在其历史处境的发展中实现自身。它们意识到这种原则,又关注自身的利益,但同时,它们又是世界精神的这一内在运动的无意识的工具和环节,在这种运动中,特殊的形式都消失了,而自在自为的精神也为它自己通向更高的阶段准备了道路。"③

---

① *Phénoménologie*, I, p. 18.
② p. 72: "主观意志不是自由意志,它缺乏客观性。但在自由意志中,真正的无限是实在和当下。"(参黑格尔:《法哲学原理》,第 32 页。——译者)
③ pp. 366, 367. (参黑格尔:《法哲学原理》,第 352、353 页。——译者)

在《精神现象学》的最后几页中，黑格尔提到，向哲学提出的新问题不再像 17 世纪那样是精神与广延（étendue）的和解，而是精神与时间的和解。这种和解是通过历史来实现的。通过超越孤立的个人，孤独的主观精神在历史中思考人的自由，这就赋予了"自由"一词一种完全不同于法国哲学所赋予它的含义，因为法国哲学相反地试图拒绝历史①，在历史之外通过一种二元论的方法来思考精神。

* * *

黑格尔的法哲学是他对他那个时代的历史、政治和社会现实长期思考的产物。② 事实上，黑格尔并没有对在那个时代的欧洲舞台上所发生的各种事件漠不关心。在他的青年时期，他就满怀热情地支持法国革命，他相信在其中看到了向古代城邦理想的一种回归，并由此得出了他最初关于"民族精神"的概念。然而他也记录了伴随着大恐怖而来的这场革命的失败，从而致力于理解在现代社会结构中的理性。因此，他在耶拿时期所酝酿的法体系不再严格地对应他青年时期关于"民族精神"的理想。黑格尔在其中明确地区分了诸社会等级，这些等级在整体生活中的作用是非常不同的。农民，尤其是资产阶级，只是间接地参与到了整体的精神之中，只有能为国家的统一奉献其生命和财产的贵族阶层才能使自己上升到绝对的道德的高度。几年后，

①　举例来说，如瓦雷里的《当前世界的观察》（Paul Valéry, *Regards sur le monde actuel*）。

②　关于黑格尔的政治思想的发展，除了罗森茨魏希（Rosenzweig）的德语著作《黑格尔与国家》（*Hegel und der Staat*）外，还可以参 B. Groethuysen, "La conception de l'Etat chez Hegel", *Revue philosophique*, 1924, 以及我本人关于黑格尔与法国大革命的文章，*Revue philosophique*, 1939。

在拿破仑(黑格尔十分赞赏其所建国家的意义)的影响下，贵族阶层在他的新思想中已经被一个绝对效忠于国家的官僚团体替代了。最后在柏林时期的《法哲学原理》中，黑格尔已经把这些"具有义务感"的官僚看作国家统一和整体精神的具体担纲者，他们与资产阶级相对立，后者过多地沉湎于私人利益，从而不能超越市民社会或资产阶级社会(die bürgerliche Gesellschaft)的集合体。

因此，如果我们想要理解出现在柏林时期的《法哲学原理》中的这种综合，就有必要重新回到这些基本概念。黑格尔事实上从来没有完全放弃他的古代城邦的理想，他只是想使之与当代的现实及一个资产阶级的实存(这个阶级在社会中的作用已变得越来越重要)和解。在耶拿时期的《法哲学》中，在他关于法的思想的第一个系统形式中，黑格尔用一种有组织的自然法权来反对自然权利，后者被看作个体人身的权利，它认为社会制度仅仅是服务于个体的物质和精神发展的手段。黑格尔用整体的理念来反对这种个体式的原子主义，在这一点上，他的思想从来没有改变过。他的耶拿《法哲学》从这一基本的原则出发："道德秩序的实定性在于这一点，即绝对的道德整体除了民族，不是别的东西。"①作为有机组织的民族就是一个国家，因而就是绝对精神的唯一的具身显现。自他青年时期的著作起，黑格尔就知道，不可能无限地扩张而不失去自身，这就是爱的悲剧命运。与个体主义融为一体的抽象的人道主义不能使人与他的历史相吻合。这种历史是诸民族或国家的历史，在其中，每一个民族

----

① Ed. Lasson, Band VII, p. 371. 在这个时期，对黑格尔来说，民族精神就是绝对精神。

或国家都代表了一种具体的普遍性。自然法的哲学，即理性的哲学，因此将是对国家、对美善整体（die schöne Totalität）的思考。在这种思考的核心，个体超越了作为部分的自身，实现了他的命运。"因此，在一个自由的民族中，理性确实被真正地实现了，它是活的精神的在场。……古代最有智慧的人已经为理性发现了这样一条准则：智慧和德性就在于遵循其民族的风尚而生活。"①

这样一个概念导向了一种战争哲学，战争在诸民族的生活中属于否定性的环节——也是必然的环节，因为一个民族仍然是一个个体，作为一个世界的个体。这种战争哲学与康德的永久和平计划相当不同，黑格尔无疑从对其时代的思考中得到启发，而把关于法国革命的观念论改造（当然是辩证的改造）成了一种一般的战争哲学。此外，战争完全像《精神现象学》的这段如此典型的黑格尔式风格的话所揭示的那样，有一种既内在又外在的含义："为了不让这些特殊的制度根深蒂固，在孤立中陷于僵化，不让它们因此而瓦解整体、涣散精神，政府必须每隔一定时期利用战争从内部来震动它们，打乱它们已经建立起来的秩序，剥夺它们的独立权利。对于个人也是这样，个人因深陷于这种秩序而脱离了整体，追求他们神圣不可侵犯的自为存在和个人安全，政府就必须让他们在强加给他们的战争任务中体会到他们的主人，即死亡。亏得这样打破固定的存在形式，精神才得以抑制自己因陷入自然的存在而远离伦理的存在，它保

---

① *Phénoménologie*, I, p. 292.（参黑格尔：《精神现象学》[上卷]，贺麟、王玖兴译，商务印书馆，1979年，第235页。——译者）

持了它的意识的自我，并将这个自我提升到自由和他自己的力量中。"①战争不是一种个体对个体的仇恨的表达，而是对全体生活的动员，它是诸民族的伦理健康的条件，"正如风的吹动防止湖水腐臭一样"。正是在战争中，单个个体意识到，他的自由就是一种赴死的自由，自由正是因此而凌驾于所有规定之上。这种被康德看作主观道德的对于自然的绝对否定，除了死亡还是什么呢?② 但这种死亡的精神含义，而不仅仅是其自然含义，就在于对整体的保全。在古代的 politeia（政制）中，战士和哲人的标志性美德——勇敢——由此恢复了它的全部意义。我们可以说，死亡的否定性含义只是针对还封闭于自身中、没有认识到他的社会使命的个人而言的；相反，它的肯定性含义则是针对那个在意志的自在自为存在即国家中实现自身的自由精神来说的。

　　正如人们所说，黑格尔的哲学是一种变成泛逻辑主义的泛悲剧主义。如果我们想要理解这一点，就应该不断地从这些思想形式的这一方面过渡到那一方面。人的历史是一个逻辑的辩证过程，因为这是一种诸民族在其中彼此遭遇的悲剧历史，其中有的只是永无休止的"死亡与生成"。因此，世界精神是作为诸单一民族之精神的命运而实现它的演进的。这种在耶拿时期的《法哲学》中扮演着如此重大角色的战争哲学，在柏林时期的《法哲学原理》中并没有消失——这是与黑格尔的"世界观"，与他的历史意义背道而驰的。尽管如此，这种战争哲学不再被强

---

① *Phénoménologie*，II，p. 23（参黑格尔：《精神现象学》[下卷]，贺麟、王玖兴译，商务印书馆，1979 年，第 13 页。——译者）

② 至少这是黑格尔在耶拿时提供的一种解释，参 éd. Lasson，VII，p. 372。

调，因为在1821年黑格尔所思考的欧洲正处于一段相对和平的时期，在这一点上全然不同于先前的时期，不同于大革命和帝国时代。"然而，当战争必不可少时，它还将发生，随后将导向再一次的收获；在严肃的历史面前，饶舌空谈成了哑口无言。"①

* * *

较之耶拿时期的《法哲学》，柏林时期的《法哲学原理》呈现出一种更为系统的形式。让我们来看看它的一般结构。客观精神或一般的法通过三个环节来实现自己：自由意志还只是作为直接性存在的抽象法；自由意志沉陷于内在的特殊性、沉陷于道德主体的主观道德；最后的客观的道德是唯一的具体性，黑格尔在其中重新发现了其整体的理想。对于这种唯一的具体性，黑格尔能够说，道德的实定性除了一个民族的生活外，别无他物。重要的是要看到，前两个环节还停留在抽象阶段，黑格尔对它们的思考无疑受到了康德和费希特对道德世界的经典区分的影响，即把道德世界区分为合法性与道德性。从耶拿时期起，黑格尔就力图超越这种区分，作为严格意义上的法律秩序的合法性是强加在主体之上的，因为按费希特的说法，"信任和忠诚在此间荡然无存"。黑格尔的人格不同于陷入犯罪与惩罚之辩证法中的内在主体。因此，法律秩序就显现为一种强制，在这个阶段，它甚至显现为一种外在的强制。与此同时，惩罚就是这个脱离了法律秩序的个体的必然命运，他只是作为抽象的人格才与这一秩序直接吻合；但人格是一个面具，它的存在还只是自由意

---

① *Philosophie du Droit*, Zusatz, au § 324.（参黑格尔：《法哲学原理》，第342页。——译者）

志的直接存在。犯罪像战争一样有其必然性，因为"只有石头才是无辜的"①，而犯罪则使这种抽象合法性的缺陷暴露出来。

由此开始了第二个环节即主观道德环节的发展。在康德和费希特那里，它是以一种不可还原的方式对立于法律秩序的。这种对立如此强大，以至不可能有和解，或不如说，它只是在一个无目的的应然存在中被设定的。强制一旦被提出，主体的道德就只能否定这种必然的强制，以便道德本身能够存在，也就是说，它能够否定这种法律的强制。然而，康德和费希特哲学的伟大之处就在于这一点："它们从权利和义务的本质、思维主体和意愿主体的本质绝对一致的原则出发。"②但是，由于把自己局限于对孤立个体的考察，这两种哲学就仍然停留在非道德（l'immoralité）的环节，由此得到的就仅仅是其自由的否定性特征。它尽管表达了要超越这一环节的要求，但这种要求注定是既不能实现，也不能持存的。相反，当我们把自己从个体提高到有组织的整体之上，即提高到家庭、市民社会和国家的层次，我们就超越了这种仅仅标志着个体主观性的极端不足的对立，我们就能意识到在《伦理体系》中所描述的那个客观的道德世界，无论是就其无限性而言，还是就其实定的现实而言，这种客观道德都是一种具身化地显现了精神的自然，是一种已成为客观却又意识到自身的精神。在这些社会团体（其最高阶段为国家）中，法成为一种现实，诸个别的主体被风尚塑造，法律（les lois）则把主观的特殊性与法律的普遍性在他们之中统一起来。"客观

---

① *Phénoménologie*, II, p. 35.
② Hegel, éd. Lasson, VII, p. 361.

的道德世界是同情心的一种主观规定(une disposition subjective de la sensiblilité)，但却是为了自在存在的法。"①合法性和道德性得到了和解。但是，这种对立并没有完全从这第三个环节中消失，以至统一成为一种静态的无生命的统一，它是使诸民族、历史和世界精神的法得以形成的东西。

第二个环节主观道德的环节，是特殊的主体因意识到其良知——良知同时又恰恰是一种恶的意识(une mauvaise conscience)——的暧昧性而使自己上升到客观道德的发展过程。在《精神现象学》中，黑格尔已经批评了一种"道德世界观"的悖谬，揭示了良知所具有的不可避免的诡辩特性。② 在这部《法哲学原理》的第二部分中，我们重新发现了这种分析，而且它也很容易被接受。这种分析也表明了体现在这种客观精神中的基督教的主观性。相反，关于抽象权利、人身权利的第一部分则更难以理解。人们会问，究竟是什么启发了黑格尔"去构造一种无需假定国家存在的(私人)权利理论这样一种悖谬的观念"③。事实上，黑格尔从罗马法，从"审慎抗辩权"(réponses des prudents)中受到启发，但他尤其想要指出的是私人权利或市民权利的欠缺之处。他想要由此出发并把它作为一种抽象而超越它。自由意志直接把自己确立在作为人格意志的实存中。想要成为人格，就是想要获得作为其外在体现的私人所有权。抽象权或财产权，这两者指的是同一回事。但是，对某物的占有如果不经其他人对我的占有的承认，就什么也不是。这种承认是财产

① pp. 187, 188.

② *Phénoménologie*, II, pp. 142 sqq.

③ E. Bréhier, *Histoire de la philosophie moderne*, III, p. 765.

的本质，然而这也使得财产在成为私有之际，也成了人之人格所具有的社会职业的标记。契约作为在交换中的人格相遇的产物，因此就不仅仅是服务于个体意志的一种手段，已经是对一种更高更具体的意志形式的预示。① 契约还不是普遍意志，它仅仅是一种共同意志的显现。在这个环节，透过权利、欺诈以及最后的犯罪的表象，人格撕下了它的面具，显示自己只是与自在自为的普遍法不同的主观性。总之，我们尚未达到国家，甚至尚未达到家庭，无论是家庭还是国家都不是一种契约。18世纪的个体主义理论（无论是康德的家庭理论还是卢梭的社会契约理论）的错误恰恰在于，它们借助一种仅是虚假的表象的东西，或者可以说是一种现象的直觉，而把最高者即家庭或国家的实体意志规定为契约。再说一次，人们并不是由于需要才相互订立契约，而是因为契约是自由发展的一个必要环节。它像制度一样，传达的是一种不可抗拒的要求。《精神现象学》说，精神必定会发现，它不仅仅是自我，而且是我们。"我就是我们，我们就是我。"②

＊　＊　＊

《法哲学原理》的第三个环节是客观道德或广义上的国家，这是最为重要的一个环节。③ 在这一环节中，概念在黑格尔的意义上得到了实现，即我们已经在这一环节达到了理念，实现了

---

① p. 115："这个中介……通过他人的意志，继而通过在一个共同意志的范围内拥有财产，从而构成了所有权。这个中介构造了契约的领域。"（参黑格尔：《法哲学原理》，第80页。——译者）

② *Phénoménologie*，Ⅰ，p. 154.

③ 因为这是唯一具体性的环节。在前两个环节中，概念尚缺乏现实性，它仍然是一种要求：自在之法缺乏主体的特殊性，主观的规定则缺乏法的自在现实性。

经验现实与概念的一致。一方面，抽象权利已经变成了社会的实体——各种风尚、制度、国家的组织和机构；另一方面，这种实体不仅仅是自在的，也是创造和实现这个实体的主体的作品。用《精神现象学》的术语来说："实体同时就是主体。"①因此主体不再仅仅是在第二环节中的存在——在那里，由于主体与它的实体相分离，它在自身中发现的只是其主体性的空虚，或者说只是一种客观善的理想，但从未被实现。现在，主体已经成了社会实体的主体。它的目的就是通过实现这一实体而思考它。当主体作为理性国家的公民时，它才是真正自由的。

但在理念、客观道德的中心，我们在一种更具体的形式下重新发现了先前的那些对立。我们并不强调那总是应该消散在市民社会中的家庭的实体精神，而只想强调那对黑格尔来说，无疑也是对我们来说，在市民社会（die bürgerliche Gesellschaft）和国家（在该词的限定意义上）之间的至为根本的对立。黑格尔告诉我们，市民社会是必然性与知性的国家，它对应着法哲学整体中的主观性环节。在市民社会中，诸个体相信是在实现他们的个体的和主观的自由，他们劳动、交换、订立契约，但以这样一种方式：他们始终认为，劳动、生产和交换是为了他们自身，就好像个体意志是自在自为的理性意志似的。比如说，这就是曾如此深地打动过黑格尔的政治经济学的世界，在1806—1807年的耶拿时期未出版的讲课稿中，他把这一"自由放任"（laissez-faire，laissez-passer）的世界的内在分裂描述为现代社会的宏大戏剧。"社会对于私人来说就是他的自然，是他所依凭

---

① *Phénoménologie*, I, p. 17.

的基本而盲目的运动，这种运动无论在精神上还是物质上都维持着他或压制着他。"①市场的盲目变化逐渐地迫使"所有阶级都趋向贫困"，尽管通过财富的一种必然的集中，另一些私人聚集起了可观的财产。"对于已经有的，还要给他更多。"(A celui qui déjà, c'est à celui-là qu'on donne.)②最后，黑格尔(还是在 1806 年)评论道："这种富裕和贫困的不平等导致了社会意志的最严重分裂，造成了社会内部的反抗和仇恨。"③

　　市民社会是通过一种狡计而实现普遍性的。每一个私人作为私人，都在从事着不同于他所想做的其他事，整体因此而被完美地实现了，但不是在他自己的直接意识中。私人不是公民，这就是为什么市民社会表达了国家中对立和分离的一个环节。自 1807 年的《精神现象学》以来，黑格尔就已经看到了在国家中的财富的命运和在财富中的国家的命运。④ 如果人们仍然停留在市民社会，他们所拥有的恰恰就是经济自由主义甚或彻底自由主义(le libéralisme tout court)所以为拥有的那种国家。"如果把国家同市民社会混为一谈，而把它的使命规定为保证和保护所有权和个人自由，那么单个人本身的利益就成为这些人结合的最后目的。由此产生的结果是，成为国家成员是任意的事。但是国家对个人的关系，完全不是这样。如果国家就是客观精神，那么个人本身只有成为国家的成员时才具有客观性、真理性和

---

① Hegel, *Realphilosophie*, éd. Hoffmeister, Band XX, p. 231.

② Hegel, *Realphilosophie*, p. 233.

③ Hegel, *Realphilosophie*, p. 233. 在《法哲学原理》中，黑格尔认为各种同业公会的组织(le système des corporations)能够引导市民社会的个人主义通向国家的统一。

④ 在那里，国家的权力和财富相继被看作善与恶。

道德性。像这样的结合本身就是真实的内容和目的，而个体的目的就是被引向一种集体的生活。他们的其他满足、他们的活动和行为方式，都是以这个实体性的和普遍有效的东西为其出发点和结果。"①这就是为什么，正如契约只是对一种更深刻的统一的预示，资产阶级社会、私人社会也只是对一种更高的社会的预示。在真正的国家中的成员都是有意识地欲求整体统一的公民，这个国家把自身提高到了市民社会之上。它既是市民社会的灵魂，也是它所趋向的目标。个体只有通过自觉地欲求国家，才超越了任性自由的偶然性，从而进入自由的故土。"国家，作为实体意志的活动着的现实，作为在普遍化的自我意识中获得的现实，就是自在自为的理性之物。这个实体性的统一是绝对的、不受推动的自身目的，在这个自身目的中自由获得了它的最高价值，由此，这一最终目的对于个体来说就具有了最高的权利，在其中个体的最高义务就是成为这个国家的成员。"②

* * *

我们并不接受黑格尔基于他所处时代的国家而提供的这种对理性国家的描述。正如我们所知道的，普鲁士式的行政君主制(monarchie administrative)在其中扮演了支配性角色。但为此而指责黑格尔是不公正的。他并不想构想一种乌托邦，而仅仅是思考"实存之物"。正如柏拉图没有任意地构建他的《理想

---

① p. 271.（参黑格尔：《法哲学原理》，第253—254页。——译者）
② p. 270. 为了从市民社会过渡到国家，黑格尔设想了一个由同业公会构成的组织（p. 265）："在家庭之外，同业公会构成了国家了第二个道德根源，它也是扎根于市民社会中的。"（参黑格尔：《法哲学原理》，第251页。——译者）

国》，而是在这个理想国中表达他对古代城邦的理想，同样，黑格尔所要思考的也是他那个时代的国家的本质。此外，正如黑格尔在《法哲学原理》的"序言"中这样描述他自己："就个人来说，每个人都是他那时代的产儿。哲学也是这样，它是被把握在思想中的它的时代。妄想一种哲学可以超出它那个时代的世界，这与妄想个人可以跳出他的时代，跳出罗陀斯岛，是同样愚蠢的。"①但这个国家事实上是历史的产物，黑格尔却力图在其合理性中把它呈现给我们，就好像它是在历史之外似的。然而，只要重新指出这个柏林时期的《法哲学原理》与黑格尔早期著作的关联，就足以理解他在这一著作中所尝试进行的综合的努力了。他想要调和基督教的无限主观性与古代的城邦理想（依据这种理想，国家对公民来说是"他的世界的终极目的"）的关系。他想要通过肯定国家处于市民社会之上并构成了自我的有意识的统一，从而在国家的中心维持整个市民阶层的自由主义。这种综合，作为古代城邦与现代世界的综合，是可能的吗？对黑格尔本人来说，1820 年的普鲁士国家真的实现了这种综合吗？这是我们在阅读这本《法哲学原理》时必然会提出的问题。但只要我们怀疑黑格尔所要设想的综合的现实，我们就不能不相反地感受到他力图调和的各种对立：基督教传统与世俗国家的对立、私人与公民的对立、经济世界与政治国家的对立。这些对立依然是我们所面临的对立。这就是为什么黑格尔的法哲学依然是活生生的，也许在它宣称提供了对它所提出的问题的解决的地方，这种活力要更少一些。

① p. 43. (参黑格尔：《法哲学原理》，"序言"第 12 页。——译者)

附录四

理性的狡计与黑格尔的历史[①]

我们可以在两个不同的方向上拓展黑格尔的哲学：一种是导向费尔巴哈或马克思意义上的人道主义的历史哲学，一种则是通向绝对知识的哲学。但在这后一种情形中人性的历史还意味什么呢？黑格尔主义在其自身中包含着这两种可能的发展，它是暧昧的，因为黑格尔既是《逻辑学》——无时间的逻各斯是绝对的知识，作为中介，它是自然和作为历史的有限精神的基础——的作者，又是关于《法哲学原理》的讲座的作者。黑格尔本人似乎并没有明确地在这两种方向中做出选择。当他给予绝对知识一种优势的地位时，这种绝对知识却又显现在历史中。

1807 年的《精神现象学》同时包含着这种人性的哲学——或可以说是这种人类学——和这种绝对知识的哲学。在后者中，人仅仅扮演着一种揭示绝对者的角色，它只是为了在这种作为存在的逻各斯的智性话语（parol intelligible）中获得圆满（expirer）才实存。

黑格尔因而没有在这两者之间做出选择，然而，他的后继者则强调了其思想中的不同路向。从他的历史哲学出发，一部

———————

① 本文译自 Jean Hyppolite，"Ruse de la Raison et Histoire Chez Hegel"，*Figures de la pensée philosophique*，t. I，Pairs：Presses universitaires de France，1971，pp. 150–157。本文原为作者在 1952 年于罗马举办的关于人道主义的国际会议上的发言稿。——译者

分人使绝对者变为一种历史的终结，一种转变为上帝的人性（尤其是马克思主义）；另一部分人没有否定绝对者内在于历史，但拒绝把绝对者看作历史性的。我们仅仅是想指出这种对立。

在黑格尔那里，历史在时间中实现绝对者的理念，正如自然在空间中实现绝对者的理念那样。但历史不再是一种人性变得越来越完美，并对其命运感到满足的直线式的进步。启蒙哲学所构想的简单化的进步概念大部分已被黑格尔超越了。他已经沉浸在尼采所说的这种生成的无辜中，在历史中出现的绝对理念不是一种智慧和满足的人性的简单实现。对普遍历史的沉思所提供给我们的图景从单纯的人类观点来看远不是令人喜悦的，莱布尼茨的乐观主义破灭了："不必用修辞学上的夸张，只需老实地总括起许多最高贵的民族和国家，以及最纯善的正人和圣贤所遭受的种种不幸——这便构成了一幅最为可怖的图画，激起了最深切、最无望的愁怨情绪，而绝不能够找到任何安慰。"①然而，黑格尔同样肯定历史是绝对理性的发展，是精神的真正自由的发展。但这种理性不是个体的抽象理性，它与各种个别的意识和个体自我意识的计算式的谨慎没有关系。后者仅仅是历史的一些环节，它们是服务于超越它们的东西的，尽管它们并不想这样。并不是它们在决定历史的意义或命运，但它们实现了这种意义。这种意义就是绝对理念。这个理念既是客观的，又是主观的。它是普遍历史的实体，但它只有通过诸个别意识才能实存，而这样一来，这些个别意识也就成了理念的

---

① 原文无注，此处引文出自黑格尔：《历史哲学》，王造时译，上海书店出版社，1999年，第21页。——译者

工具。

这里体现出了黑格尔主义的暧昧性。这种理念其实内在于历史，正如在一个较低的层次上，它也内在于自然，但它是人之为人得以在其中实现自己的历史目的(fin)吗？抑或它是仅仅以人作为其载体或守护者的逻各斯，是在历史的漫游中的自我言说者吗？就这个绝对理念显现为国家的普遍意志，而这个国家则终结了或将要终结历史而言，被马克思主义推至极端的第一个假设其实已经由黑格尔勾勒出来了。

黑格尔首先指出，绝对理念在历史中的实现要经由诸个体意识的相互作用。这些个体意识在历史的戏剧中扮演他们的角色，而且并不是惰性的。对黑格尔来说，再没有比绝对理念与它的实现之间的脱节更令人陌生的了。需要理解的正是它们的统一而不是本质和现象的二元性。历史的英雄都是充满激情的："如果没有激情，任何伟大的创举都不会发生。"①他们拥有其特殊的计划，这些计划充满意义但不是终极的意义。因此黑格尔能够谈论一种历史中的理性的狡计，就像人们从前利用《旧约》中的人物及其世俗的抱负来谈论神意的隐藏计划，以便暗中预示基督的降临及其活动。但黑格尔使这种神意的观念世俗化了，他由此超越了任何一种道德的世界观。我们错误地指责那些伟大的个体，指控他们仅仅追求其个人的利益(intérêt)，尤其是受到野心和荣耀之爱的推动。我们总是在他们的行动中察觉到一种利益："但那些致力于某一事物的人不仅仅是以一种一般的方

---

① 原文无注，此处引文出自黑格尔：《历史哲学》，第24页。——译者

式与之利益相关，而且他对之满怀兴趣。"①利益是客观的，它是我们的利益（不可缺少的主观的一面），也是对于事物自身的兴趣②。行动设定了对反思的二元性的超越，它是赠与和放弃，是自我在这一事物本身中的几乎完全的丧失，事物则最终成了"所有人的事物和每个人的事物"，成了具体的普遍性。这是因为主观的反思在那里始终是潜在的，我们可能错误地说明伟大人物的行动，因为我们从"仆从的观点"来判断它们。这是一种嫉妒的判断，它总是力图把伟大人物的行动贬低到他自己的层次。事实上，伟大人物最终能做到他们想要做的，并只想要他们所能做的，即使他们没有完全地认识到他们的计划，但至少，世界进程就是他们那客观化的意志的体现。"但由此个体就告别了他自身，他自为地扩大为普遍性，并清除了自身中的个别性。因此，那仅仅想在他的直接的自为存在形式中认识普遍性的个体，并不能在这种普遍性中认识到自己的自由状态，尽管他同时就属于这种普遍性，因为普遍性就是他的活动。"

黑格尔更加强调这种历史的辩证法——一种真实的辩证法，在研究经济学家尤其是亚当·斯密时他可能就已经有了这种辩证法的观念。亚当·斯密其实已经很好地指出，个体在追求其自身的利益、实现其个别的计划时，最终会无意识地实现一种整体的计划、一种集体的利益，其意义超出了预想的意义。但既然这种隐藏的意义只是在最后才显现，而个体只是无意识地实现了它（理性的狡计），那么它就向这些个体宣告了他们的失

---

① 原文无注，此处引文出自黑格尔：《历史哲学》，第23页。——译者
② 此处的"利益"和"兴趣"在原文中为同一个词 intérêt。——译者

败。从这种观点来看，历史并不是个体的福地，而是他们的命运——不是自然的野蛮力量，而是对作为一个敌人的他们自身的意识。正是这一命运成了历史的绝对观念，在这种观念中，个体作为个体，是不能认识自身、不能实现它的自由的。个体的自我应该在所有他所筹划和创造的事物中发现自己。虔诚的个体也想要得救和蒙福。这一自为地存在的极端不同于绝对普遍的本质，它是一种欲求并认识特殊性的特殊存在，因此他发现自己被一种一般的方式置于现象的观点中。这是特殊目的的场合，因为个体被安置在其特殊性中，充实并实现着这种特殊的目的。这也是幸福与不幸的观点。幸福的是这样一些人，他们使自己的实存符合他们的个性、意愿与特殊的快乐，从而在他们的实存中享受自己。普遍历史不是福乐之地。这一历史中的幸福时期只是它的尚未书写的白纸。

　　因此，个体就这样在历史中执行着与他们所想要追求的不同的事；然而，他实际完成的也并不完全陌异于他。善不是一个空洞的理想，它就处在这一具体的中介中，处在这种超越个体的纯粹意识及其有限计划的实现过程中。"因为像'为善而善'之类的空洞东西，在活泼泼的现实中一般来说是没有它的位置的。"①当然，一般人只是听任自己随波逐流，他们只是遵循着已经给出的客观性。但那些历史的个体，则既因为打碎了这种客观性而是罪犯，又因为开启了一种新的客观性而是英雄，"历史的伟大人物是这样一些人，他们的特殊目的包含着普遍精英（le génie universel）的意志之所是的那种实质性因素。我们应该把他

---

　　①　原文无注，此处引文出自黑格尔：《历史哲学》，第30页。——译者

们称作英雄，因为他们不是从现行制度所认可的、沉静有常的事物进程中取得他们的目的和他们的使命，而是取自一个泉源，它的内容是隐藏着的，还没有达到现实的存在；取自那个内在的精神，这精神依然潜伏在地面之下，它冲击着外面的世界，仿佛冲击一个外壳并把它打成粉碎，因为它不是适合于这一外壳的内核。所以他们看起来就像是从他们自身汲取了他们生命的冲动，而他们的行动则创造了一种处境和世界的各种状况，这些仿佛只是他们的事业、他们的作品。当这类个体在追求他们那些目的的时候，他们并没有关于那个理念的一般意识；相反，他们都是些实干家和政治家。但他们同时也是有思想的人，他们知道'什么是必要的东西和正合时宜的东西'。"①

我们不能否认黑格尔在此对于一般历史及其永不停息的运动所给出的强有力的描述。理性的狡计之所以起作用，是因为绝对的理念自我展现在历史中。但这一理念就是人性吗？我们已经看到，历史处在个体幸福的个别计划之外。但是，这一历史是人的作品（在这一作品中，人最终应该认识自己并自我神化），或者只是理念显现的场所（这个理念本身不再是历史的，而且必然地只有借助人才会显现）吗？

我们知道费尔巴哈及随后的马克思对黑格尔的批判。前者说，绝对精神是人，且仅仅是人。后者则证明说，绝对精神就是穿过实在历史之辩证法的羊肠小道而必然地把它的基本计划实现出来的历史的人性。但黑格尔始终知道，把人性归结为它自身，把人性本身看作目的，恰恰是它自身的丧失。人性所承

---

① 原文无注，此处引文出自黑格尔：《历史哲学》，第31页。——译者

载的却又只有借助它才行的东西是存在的逻各斯本身，而不是人性-上帝（l'humanité-Dieu）。

然而，我们看到，从黑格尔到马克思的过渡在于国家的神圣化，在这里应该强调卢梭对黑格尔的深刻影响。亚当·斯密可能启发了黑格尔的现实辩证法，而卢梭则启发了黑格尔这样一个论题：国家是普遍意志的具身显现，并因此是在历史中被实现的、可以这样被欲求的理念。市民社会是由并不直接欲求普遍性的私人构成的社会，在它的旁边，黑格尔设置了国家，国家的公民是直接欲求普遍性的。国家因此是在历史中实现的自由，这个共同体通过超越市民社会而成为绝对的人类作品。"主观意志也有一种实体的生活、一种现实性。在现实中，它在本质的范围内活动，并且把这种本质之物本身当作它的生存的目的。这种本质之物就是主观意志和理性意志的统一，就是道德整体，就是国家。国家是个人在其中获得其自由并把它作为知识、信念和普遍知识而加以享受的现实性。"①因此而被神圣化的国家，就不再是一种服务于孤立的个人之幸福的手段，而是他们的实现了的普遍性。它就像语言一样，是普遍性与个别性的统一，是普遍的自我意识。

我们看到，从这种在历史中实现自己的普遍的自我意识出发，与其命运相和解的人性是如何可能被神化的。诚然，马克思设想了一个国家的彼岸，但这只是因为国家首先实行了和解，因此强制现象已不再是必要的。绝对的作品不是与历史性联系在一起，它就是历史本身。只要历史还实存着，只要共同体不

---

① 原文无注，此处引文出自黑格尔：《历史哲学》，第40页。——译者

再像这样直接地被欲求，绝对理性就将是一种狡计。但当个体将来停止了对其理念的直接欲求，绝对理性就将成为人性，成为真正的自由。到那时，绝对者就不再内在于历史，就像不再内在于自然那样。严格地说，它是历史的，它就是通过历史而自我构成者。但这样一来，在这种情况下，形而上学就彻底与人类学混为一体了。绝对者，存在的普遍自我意识就与人之为人的基本筹划混为一体了。

黑格尔不仅没有走得这么远，甚至他还说了相反的话。自然和历史在他看来只是附属于逻各斯、附属于存在语言的环节。通过人而显现出来的，或者说在普遍的自我意识（人只是这种普遍的自我意识的承载者）中显现出来的只是存在论的话语（le discourse ontologique），是存在的绝对知识。这种知识不是人，尽管除了在人的语言中之外，它并不存在于别处，并且它因此而无可置疑地拥有一种历史性。

黑格尔为了引介这种绝对知识而写了《精神现象学》。现象的意识或人类学的意识并不包含绝对知识；相反，绝对知识却既包括它自身，也包括它的它者。它知道"哲学必须自我异化"，并把自己呈现为自然和有限的精神，呈现为历史中的人性。《精神现象学》所酝酿的普遍的自我意识并不必然就是历史中的人性意识，或人的筹划本身。无疑，绝对者的诸范畴也是在历史的漫游中自我揭示的，但与这些范畴联系在一起的话语、黑格尔的逻辑学、绝对者的逻格斯，却不是历史。像自然一样，历史不在绝对者之外，它也是对绝对者的一种揭示；但历史还是一种有限的精神（客观精神）。由于绝对理念自行显现在历史中，因而以为绝对者就是历史的，就是历史的目的，这是一种错误的看法。黑格尔似乎并没有真的犯这种错误。

由此可以看出，在这种视角中的人之处境是完全不同于在单纯的历史哲学视角下的人之处境的。人既是意识，又是普遍的自我意识——不应该颠倒这个命题，而由人推出普遍的自我意识。这种普遍的自我意识的显现不再是国家，而是作为存在之居所(la demeure de l'Etre)的本真的语言。不是人在阐释存在，而是存在在人身上自我言说。这种存在的去蔽，这种绝对的逻辑取代了一种经由人来实现的形而上学(它或多或少是一种神学)。人既是一种自然的存在，又是存在的普遍自我意识。人不是绝对者或最高的目的，它是一个交汇点。它本真地实存着，因为存在只有通过它才能理解自身、显现自身。逻各斯不是人，它无限地超出人。而人，在有限精神的波动之墙中，则是逻各斯借以在此显现的唯一实存者。

那么，什么属于人呢？在人类学与存在论之间存在着何种关系呢？从这种绝对知识的视角来看，历史变成了什么？当我们拒绝追随黑格尔主义的第一个方向(它导向了马克思主义的人道主义，甚至萨特的人道主义)时，这样一些根本的问题就被提出来了。海德格尔的存在论也许有助于阐明黑格尔主义的这第二个可能的方向。

图书在版编目(CIP)数据

黑格尔历史哲学导论 / (法) 让·伊波利特著；张尧均译. — 北京 : 商务印书馆, 2023
ISBN 978-7-100-22787-2

Ⅰ.①黑… Ⅱ.①让… ②张… Ⅲ.①黑格尔(Hegel, Georg Wilhelm Friedrich 1770–1831)—历史哲学—研究 Ⅳ.①B516.35②K01

中国国家版本馆CIP数据核字（2023）第142927号

黑格尔历史哲学导论
〔法〕让·伊波利特　著
张尧均　译

商 务 印 书 馆 出 版
（北京王府井大街36号　邮政编码 100710）
商 务 印 书 馆 发 行
南京鸿图印务有限公司印刷
ISBN 978 - 7 - 100 - 22787 - 2

2023 年 11 月第 1 版　　开本 889×1194　1/32
2023 年 11 月第 1 次印刷　印张 7 1/2

定价：58.00 元